Karl Theodor Bayrhoffer

Das Wesen des Universums und die Gesetze des Humanismus,

dargestellt aus dem Standpunkte der Vernunft

Karl Theodor Bayrhoffer

Das Wesen des Universums und die Gesetze des Humanismus,
dargestellt aus dem Standpunkte der Vernunft

ISBN/EAN: 9783744611817

Hergestellt in Europa, USA, Kanada, Australien, Japan

Cover: Foto ©ninafisch / pixelio.de

Weitere Bücher finden Sie auf **www.hansebooks.com**

Das

Wesen des Universums

und die

Gesetze des Humanismus,

dargestellt aus dem

Standpunkte der Vernunft

— von —

K. Th. Bayrhoffer.

Gedruckt bei
Denhard & Witte, Ottawa, Ills.
1871.

Das

Wesen des Universums

und die

Gesetze des Humanismus,

dargestellt aus dem

Standpunkte der Vernunft

— von —

K. Th. Bayrhoffer

Gedruckt bei
Denhard & Witte, Ottawa, Ills.
1871.

matte of ry
flowe nd
thou

m.

Vorwort.

Die folgenden wenigen Bogen geben eine Darstellung des Univer=
sums auf den Grundlagen der Erfahrung und der Vernunft, und entwi=
ckeln zuletzt das Ideal der Menschheit, die Gesetze des Humanismus als
der letzten und vollendetsten Synthese des Universums.

Die Entwickelungs=Theorie, wie dieselbe von Herbert
Spencer zuerst gründlich und consequent auf dem Standpunkte der
Erfahrungswissenschaft durchgeführt, obwohl schon von frühern Denkern
wenn auch abstracter erfaßt oder in idealistischer Einseitigkeit (Fichte,
Hegel) verfolgt worden ist, ist der Grundgedanke der Darstellung. Ihren
principiellen Abschluß findet sie in einem ewigen Ganzen verketteter in
ewiger Bewegung begriffener sich allmählig in Theilganze gliedernder und
wieder zerfallender einheitlicher (individueller) Selbstbestände, der see=
lenhaften Centra des Wirkens und Erscheinens.

Der Verfasser verwirft nämlich ganz und gar die auf Scheindialektik
gegründeten Redensarten Spencer's und Anderer über die Unerkenn=
barkeit des Wesens der Dinge, welche Unerkennbarkeit ja selbst nur eine
Vorstellung, ein Gedanke des Menschen ist, hervorgegangen aus den
Widersprüchen in seinem unvollendeten Denken, nimmermehr

aber ein Resultat der denkenden Erfahrung, welche wohl von einem "Unknown", aber nicht von dem "Unknowable" etwas weiß. Das "Unknowable" ist jetzt der Gott, der Deus ex machina, welcher die Lücken des Denkens ausfüllen muß. Das Universum ist die Offenbarung des Wesens, objectiv und subjectiv, allmählig sich entwickelnd, und das Wesen ist nicht hinter seiner Offenbarung, sondern scheint in ihr, und dieses Scheinen in den Concentrationspunkt des Seins zusammengefaßt durch den Gedanken ist das Wesen.

Deshalb hat der Verfasser in der 2. Abtheilung des 1. Theils die absoluten Principien der Erscheinungswelt darzulegen versucht. Zu ihnen führt das Denken der Erfahrung, die Vernunft als die letzte Analyse derselben, mit Nothwendigkeit; und sie dringt so durch zu diesem Mysterium des Unknowable. Nur vor diesem Letzten der Analyse bleibt sie stehen, und hier hören alle weiteren Begründungen auf. Es ist die gedachte Urthatsache des Seins, des Ganzen der Positivität. Die Phantasie wird, wenn ihr nicht die Erkenntniß des Absoluten entgegentritt, immer wieder ihren Gott in dieser dunklen Region des Unknown festsetzen.

Der Verfasser hat an dem Ende des 1. Theils ausgesprochen, daß er weit entfernt ist, seine Darstellung des Wesens der Dinge für vollendet zu halten. Es ist vielmehr die Aufgabe der Denker der Zukunft, die Urbestimmtheit der Monaden und des Ganzen derselben, zugleich in streng mathematischer Form, immer weiter so zu fassen, daß die ganze Erscheinungsreihe als deren nothwendige Darstellung sich ergiebt. Wenn dieses geschehen ist, so ist das Wesen der Dinge vollends erkannt, gesetzt auch, daß der menschliche Geist die Unendlichkeit der Combinationen des Universums nicht ausdenken kann. Er hat doch die Principien erfaßt, aus welchen dieselben folgen. Das aber weiß der Verfasser, daß nur aus dem ursprünglichen Monaden-Ganzen überhaupt ein Universum zu begreifen ist, nicht aber aus einem Urgeist (Gott), oder aus einer blos peripherischen, zusammenhangs- oder centrumlosen Atomistik.

In dem 2. Theile finden sich zugleich die Lösungen der jetzigen brennenden Fragen der Menschheit, wie der Demokratie, der Frauen-Emancipation, der Ehe, des Socialismus und Communismus. So einfach und klar sind die Gesetze des Gleichgewichts der Menschheit, der Einzelnen in dem Ganzen! Und nur diese ewigen Gesetze sind es, welche in jenen Fragen und den entsprechenden praktischen Bewegungen (politischer Demokratie, Frauenstimmrecht, freier Liebe, Arbeiter-Verbindungen u. s. w.) sich verwirklichen wollen. Das Ideal der Menschheit ist im Begriffe, einen großen Schritt seiner Entwickelung zu machen. Und daß damit die sog. Selbstsucht von Millionen von Individuen Befriedigung sucht, ist nur der Beweis, daß das Ideal ein reales ist, ein Ideal bedürftiger Menschen, nicht hirngespinnstiger Engel.

Allen denkenden Menschen, den Pflegern der Wissenschaft sowohl, wie den freien Gemeinden, Turnern, Arbeitern, Männern und Frauen sind diese Blätter dargeboten. Insbesondere sind dieselben gewidmet den Männern und Frauen freien Geistes im Staate Illincis in und in der Nähe von Peru und LaSalle, sowie in Ottawa und Chicago, vor welchen der Verfasser durch seine schwankende Gesundheit leider beeinträchtigte Vorträge hielt, aus welchen dieses kleine Schriftchen hervorging. Ist auch vielen die 2. Abtheilung des 1. Theiles noch zu schwierig, so so wird gewiß die 1. Abtheilung desselben so wie der 2. Theil für Alle faßbar sein.

K. Th. Bayrhoffer.

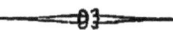

Inhalts-Angabe.

Erster Theil.
Das Wesen des Universums.

Erste Abtheilung:
Das Universum als Gegenstand der Erfahrungs-Wissenschaft.

Nach der Art und Weise, wie in dem Universum Eines durch das Andere bedingt ist, haben wir, als Resultate der Erfahrungs-Wissenschaft, Folgendes nacheinander darzustellen:

1) Die Weltkörper und den Weltäther;

2) Die Erde;

3) Das organische Leben auf der Erde und seine Entwickelung;

4) Den Menschen, den Geist und Zweck und die geistige Entwickelung der Menschheit.

Erster Abschnitt.

Die Weltkörper und der Weltäther.

Das Universum ist das System und die innere Gestaltung der Welt-
körper. So nennen wir die frei in dem Welt- oder Himmelsraum (dem
Weltäther) schwebenden und sich bewegenden Körper, die Gestirne und
Meteore. Ein großer Theil derselben tritt uns in heiteren Nächten in zahl-
losen Lichtpunkten entgegen. Unser Standpunkt, von welchem aus wir die
Weltkörper anschauen, ist die Erde, selbst ein Weltkörper, ein Planet als
Glied des Sonnensystems. Von einem andern Weltkörper, z. B. dem
Planeten Mars aus gesehen, würde uns die Erde als ein ähnlicher Licht-
punkt erscheinen.

Das Sonnensystem, von welchem unsere Erde ein Glied ist, besteht
aus einer Zahl mit einander näher verbundener, im Allgemeinen kugel-
förmiger Weltkörper. Einer von diesen, die Sonne, bildet vermöge
ihrer weit überwiegenden Masse das, zugleich selbstleuchtende, Bewegungs-
centrum der andern, so daß der Schwerpunkt des ganzen Systems im
Allgemeinen in den Sonnenkörper selbst fällt, und das System durch un-
geheure Zwischenräume von den ihm zunächst stehenden Fixsternen
(Sonnen) und ihren Systemen geschieden ist. Um die Sonne bewegen sich
zunächst in verschiedenen Entfernungen kleinere Weltkörper, die Planeten,
alle von West nach Ost in einem bestimmten Gürtel, dem sog. Thierkreise,
mit verschiedenen, doch überall sehr großen Geschwindigkeiten. Sie leuch-
ten uns nur durch Zurückstrahlung des Sonnenlichtes. Sie bilden in
ihren Entfernungen von der Sonne folgende Reihe, mit dem der
Sonne zunächst stehenden beginnend: Mercur, Venus, Erde,
Mars, Asteroiden, Jupiter, Saturn, Ura-
nus, Neptun. Die Bahnen, in welchen sich die Planeten
um die Sonne bewegen, sind nicht rein kreisförmig, sondern
mehr oder weniger elliptisch, mit Sonnennähe und Sonnenferne.
Je näher ein Planet der Sonne steht, desto schneller ist seine im Raum
fortschießende Bewegung, so daß dadurch jedesmal die Anziehung der
Sonne, welche in der Nähe am stärksten wirkt, ausgeglichen wird. Die

mittleren **Entfernungen** der Planeten von der Sonne sind in runden Zahlen (da es uns hier nur darauf ankommt, eine ungefähre Vorstellung zu gewinnen) folgende:

Mercur	37 Millionen englische Meilen.	
Venus	69	„ „ „
Erde	95	„ „ „
Mars	145	„ „ „
Asteroiden	268	„ „ „
Jupiter	495	„ „ „
Saturn	908	„ „ „
Uranus	1827	„ „ „
Neptun	2850	„ „ „

Die **Zeiten**, in welchen sich die Planeten um die Sonne bewegen, sind ungefähr folgende:

Mercur in 88	Erdtagen.
Venus in 224	„
Erde in 365	„
Mars in 686	„
Asteroiden zwischen 1,300 u. 2,100	„
Jupiter in 4,332	„
Saturn in 10,759	„
Uranus in 30,686	„
Neptun in................60,126	„

Zugleich bewegen sich alle Planeten (wie auch die Sonne) um ihre **eigne Achse** in derselben Richtung von West nach Ost. Die Zeit dieser Umdrehung, d. h. der **Tag** jedes Planeten ist, soweit man sie kennt, folgende:

Mercur	24 Stunden	5 Minuten.	
Venus	23	„	21 „
Erde	23	„	56 „
Mars	24	„	39 „
Jupiter	9	„	55 „
Saturn	10	„	16 „

Sonne in 25 Tagen.

Um die Erde bewegt sich ein **Mond** in 27 Tagen und 7 Stunden und dreht sich in derselben Zeit einmal um seine Achse, kehrt daher der Erde immer dieselbe Seite zu. Er ist von der Erde im Durchschnitt 240,000 englische Meilen entfernt und sein Licht ist gleichfalls reflectirtes

Sonnenlicht, empfangen theils unmittelbar von der Sonne, theils durch Reflexion des Sonnenlichts von der Erde auf den Mond. Ebenso haben Jupiter, Saturn und Uranus, jeder eine Zahl von M o n d e n , auch Saturn mehrere concentrische R i n g e , wie man dieses Alles durch die Teleskope oder Fernröhre sehen kann.

Die G r ö ß e n und m i t t l e r e n D i c h t i g k e i t e n der Planeten sind gleichfalls verschieden. Die der Sonne näheren sind im Allgemeinen die kleineren, die ferneren, die größeren.

Außer den Planeten und Monden bewegen sich noch K o m e t e n und unzählige M e t e o r e (Asteroiden, kleine Himmelskörper) um die Sonne und überhaupt in unserem Sonnensysteme. Erstere bestehen aus sehr feiner Materie und zeigen Kerne und Schweife.

Die Bewegungen aller Himmelskörper und aller Systeme von Him= melskörpern (Weltkörpern) um und gegen einander, namentlich also auch die in unserem Sonnensysteme, sind erzeugt durch zwei e n t g e g e n = g e s e t z t e B e w e g u n g s = J m p u l s e , deren einen man die a l l g e m e i n e S c h w e r k r a f t oder Attraction der Materie nennt, den andern die S e i t e n = oder T a n g e n t i a l k r a f t wirkend wie ein Stoß des Körpers in der Richtung der Tangente seiner Bahn. Abgesehen zunächst von der Frage, worin das eigentliche Wesen der Central= und Centrifugaltriebe bestehe, kann man sich die Bewegung am leichtesten versinnlichen durch eine an dem einen Ende eines Seils befestigte Kugel, welche am andern Ende mit der Hand gefaßt und um= geschwungen wird in einem Kreise. Die Linie des Seils stellt die Cen= tralkraft, der Schwung der Hand oder ein Seitenstoß der Kugel die Tan= gentialkraft dar. Die allgemeine Anziehungskraft der Materie wirkt im Verhältniß der Massen und abnehmend im Quadrate der Entfernung der Massen von einander. C o p e r n i k u s bewies zuerst die Cen= tralstellung der Sonne und die Bewegung der Erde um eine Achse, von West nach Ost, von welcher die scheinbare tägliche Bewegung des ganzen Himmels in entgegengesetzter Richtung, von Ost nach West, eine Folge ist. K e p p l e r fand die drei großen Grundgesetze der Bewegung der Himmelskörper. N e w t o n zeigte, daß dieselben die nothwendige Folge sind der allgemeinen Gravitation der Materie (der Weltkörper).

Das Sonnensystem selbst bewegt sich mit reißender Schnelligkeit im Weltäther nach dem Sternbilde des Hercules hin, und ist ein Theil eines größeren Weltkörpersystems, welches wir in dem R i n g e d e r M i l c h = s t r a ß e am Himmel anschauen. Außerhalb dieses großen vielfach ge= gliederten Systems erkennen wir in der Tiefe des Himmels durch Fern=

röhre weitere Sternhaufen und nebelartige Flecken, bis Alles in unbe=
stimmter Ferne verglimmt.

In unserem Milchstraßen = Systeme gewahren wir auch eine Zahl
von sog. Doppel= und mehrfachen Sternen, welche sich um einander, d. h.
um ihren gemeinschaftlichen Schwerpunkt bewegen.

Es ist unzweifelhaft, daß alle Weltkörper in kreisenden Bewegungen
begriffen sind, daß nur dadurch, die allgemeine Gravitation vorausge=
setzt, das System des Universums sich erhält. Ohne die Tangentialtriebe
würden alle Weltkörper vermöge der allgemeinen Gravitation oder Fall=
kraft zusammenstürzen. Die Entfernungen jedoch der Sonnen oder Fix=
Sterne und ihrer Systeme von einander sind so groß, daß wir von der
Erde aus nur erst in langer Zeit Veränderungen in den Stellungen
wahrnehmen können. Das Licht, eine Aetherschwingung, welche sich mit
der Schnelligkeit von fast 200,000 englischen Meilen in der Secunde fort =
pflanzt, braucht mehr als 12 Jahre, um von dem Sirius, dem glänzend=
sten und einem der nächsten Fixsterne, zur Sonne und Erde zu gelangen.
Die Entfernung der Fixsterne von einander kann, nach Berechnungen nicht
geringer sein als 19,200,000,000,000 von englischen Meilen.

Es muß eine den Raum zwischen den Weltkörpern erfüllende und alle
wägbaren Körper durchdringende äußerst feine und elastische Materie, der
W e l t ä t h e r , vorausgesetzt werden, welcher die Wechselwirkung der
Weltkörper in Gravitation, Licht, Wärme, magneto=electrischen und chemi=
schen Prozessen vermittelt, auch durch einen Widerstand gegen die Ko=
metenbewegung sich bemerklich macht, und durch diesen Widerstand die
Weltkörper nothwendig, obgleich nach unermeßlichen Perioden, zum Zu=
sammensturz, der Auflösung und Verjüngung führt.

Das Weltkörpersystem mit dem Aether ist das Universum. Auf den
Weltkörpern entwickeln sich die weiteren Gestaltungen des Daseins. Das
Universum ist ein ewiges System von M a t e r i e n oder Stoffen, d. h.
Selbstbeständen, und K r ä f t e n d. h. Wechselbestimmungen oder
Reflexen der Materien, sich rein durch sich selbst, d. h. durch die Wech=
selwirkung aller Theile und Glieder gestaltend, deren immer schärfere
und vollere Erkenntniß uns allein das Ewige zum Bewußtsein bringt,
welches nicht a u ß e r , sondern i n dem Universum liegt.

Die Betrachtung unseres Sonnensystems, namentlich der Bewegung
aller Planeten um die Sonne von W e s t nach O s t in einem G ü r =
t e l , sowie der Kometen und Saturnringe, führt mehr und mehr zu der
zuerst von K a n t und L a p l a c e aufgestellten Annahme, daß sich
dasselbe und ebenso die anderen Systeme, ja das ganze System des Uni=

verfums, aus einer allgemeinen flüssigen, ätherartigen Keimform, einem fog. Urnebel oder Sternendunft entwickelt habe. Aus der ursprünglichen ätherischen, um sich selbst rotirenden und sich all= mählig verdichtenden Nebelsphäre, z. B. unseres Sonnensystems, ha= ben sich Aequatorial=Ringe (wie die des Saturn) allmählig, in Jahrmil= lionen, nach einander von Außen nach Innen abgesondert und zu Kugeln zusammengezogen und verdichtet, die Planeten, und aus ähnlichen Abson= derungen von den Planeten die Monde. Durch moleculare Oscillationen in Folge mechanischer und chemischer Processe, sind die Weltkörper ur= sprünglich im Zustande des G l ü h e n s , und gehen allmählig, in den Millionen der Jahre, durch Ausstrahlung der Hitze und den langsamen Sieg der Gravitation über die Molecularbewegungen in die Abkühlung über. Es geht der glühende gasförmige in den glühenden tropfbar=flüssigen Zustand über, bis endlich die Oberfläche des Weltkörpers erstarrt, und derselbe dunkel wird.

Die weitere Entwickelung sehen wir dann auf unserer Erde vor uns, welcher sich die übrigen Planeten verwandt darstellen. Die Sonne er= scheint noch immer als ein glühender tropfbar= oder elastisch=flüssiger Kör= per, umgeben von flammenden Gasschichten, durch chemische und mecha= nische Processe noch immer neu angefacht zum Glühen. Mit Hülfe des Spektroskops finden wir auf der Sonne, und auch auf den sonstigen Fix= Sternen und Nebelflecken zum T h e i l d i e s e l b e n c h e m i s c h e n C l e m e n t e , aus welchen die Erde besteht.

Das ganze System des Universums stellt sich so dar als ein System v o n K ö r p e r n u n d B e w e g u n g e n d e r s e l b e n , deren letzter Grund in nichts Anderem liegen kann, als in dem ewigen Dualismus des Z u s a m m e n s t r e b e n s uud d e s A u s e i n a n d e r = f l i e h e n s oder der A t t r a c t i o n und R e p u l s i o n der Urelemente.

Zweiter Abschnitt.

Die Erde.

Die Erde, so viel bis jetzt bekannt, der d r i t t e Planet von der Sonne aus, hat einen Durchmesser von 7,926 englischen Meilen und gegen 25,000 Meilen im Umfange. Ihre mittlere Dichtigkeit ist 4mal so groß als die des Wassers. An den Polen ist sie, in Folge ihres Um= schwunges im flüssigen Zustande um sich selbst, etwas abgeplattet. Die Geschwindigkeit ihrer Drehungsbewegung am Aequator beträgt in der

Stunde mehr als 1000 englische Meilen; die ihres Fortschießens in dem Weltäther um die Sonne mehr als 68.000 englische Meilen in derselben Zeit.

Nachdem sich die Erde aus einem rotirenden Aequatorialringe der Sonne, durch Zerbrechen desselben in Theile und Anziehung dieser Theile, zu einer die Sonne von West nach Ost umkreisenden und sich um eine Achse in derselben Richtung drehenden leuchtenden Weltkugel verdichtet, und der Mond sich in ähnlicher Weise von ihr abgelößt hatte, ging die Kugel in den Millionen der Jahre durch einen immer fortgesetzten Bil=dungsproceß hindurch. Dadurch, daß die Achse, um welche sich die Erde dreht (eine Achse nur im ideellen oder mathematischen Sinne), auf der Ebene, in welcher sie um die Sonne läuft, (der Ekliptik) nicht senkrecht, sondern um etwa 23½⁰ geneigt gegen die senkrechte Richtung steht, und in der Zeit eines Jahres sich immer fast parallel bleibt, ergiebt sich in dem wichtigen Verhältnisse der Erde gegen die Sonne außer dem allgemeinen Zerfallen der Erdoberfläche in die h e i ß e, die g e m ä ß i g t e n und die k a l t e n Z o n e n, zugleich der eigenthümliche Wechsel der J a h r e s = z e i t e n in allen. Diese Unterschiede der Zonen und Jahreszeiten sind von der wesentlichsten Bedeutung für den Reichthum, die Formen und die Entwickelung des organischen Lebens; und den Zonen und Jahreszeiten analog stellen sich die Höhen und Vertiefungen der Erdoberfläche dar. Andere auf die Anziehungen von Sonne, Mond und den anderen Plane=ten auf die Erde gegründeten Verhältnisse der letzteren in ihren Bewe=gungen, namentlich die allmähliche kreisförmige Drehung der Erdpole und die allmählige Drehung der elliptischen Sonnenbahn der Erde, können nur im Verlaufe von Jahrtausenden einen bemerkbaren Einfluß auf das Leben derselben haben, und haben diesen in hohem Grade ausgeübt.

Nachdem nun die glühend gasförmige Erdkugel der größten Masse nach in einen glühend flüssigen Zustand übergegangen war, unter fort=währender mechanischer Zusammenziehung und chemischen Verdichtungs=prozessen, so kühlte sich dieselbe durch allmählige Schwächung ihrer Licht= und Wärme-Schwingungen endlich so weit ab, daß die obersten Schichten der flüssigen Kugel zu e r s t a r r e n anfingen und in der Erstarrung fortschritten, bis das Selbstleuchten der Erde erlosch. Eine peripherische Schicht der glühend flüssigen Erdmasse nach der andern, von Außen nach Innen, ging in die Erstarrung über, so daß die Erdrinde jetzt eine ziem= lich bedeutende Dicke hat. Indem nun aber die erstarrte Rindenschicht der Erde, bei allmähliger Abkühlung und Zusammenziehung der inneren glühenden Masse, zu groß wurde und also ein relativ leerer Raum zwi=

ſchen beiden ſich bildete, brach die Rinde durch ihre Schwere, vermehrt durch den nun als Ocean ſich niederſchlagenden Waſſerdampf, überall zu= ſammen, und erzeugten ſich Faltungen derſelben, Erhöhungen und Vertiefungen, die erſten Anſätze von Bergen und Thälern. So war nun die Erde eine auf ihrer ganzen Oberfläche tropiſche, vom Waſſer und einer dichten Atmoſphäre umfluthete, an den Polen etwas abgeplat= tete Kugel, welche allmählig ſich weiter abkühlte, ſo daß jetzt die Wärme der Erdoberfläche hauptſächlich durch die Sonne erzeugt wird.

An dieſer Erdoberfläche finden wir die innere Feuer= und die äußere Waſſermacht, die ſog. Plutoniſchen und Neptuniſchen Kräfte, weiter und weiter umgeſtaltend wirken. Jene erzeugt fortwäh= rend und wechſelud Hebungen und Senkungen einzelner Theile der Erde, Gebirgszüge und Oceaniſche Thäler, Vulkane und Erdbeben und heiße Quellen; dieſe, fortwährend das Feſte auch mit Hülfe der Luft zertrüm= mernd, zerſetzend und auflöſend, ſchlemmt daſſelbe wieder in den Niede= rungen an, und ſetzt ſo Schicht auf Schicht von umgebildeten Felſen ab, gleicht Höhen und Tiefen wieder aus und bereitet den Boden des Lebens vor. Die Geologen haben das Syſtem der übereinander ge= ſchichteten Erdmaſſen in 4 Hauptabtheilungen gegliedert: die der Urge= ſteine (aus dem feurigen Zuſtande kryſtalliſirt), und der auf einander folgenden aus dem Ocean durch Auflöſung der erſteren abgeſetzten pri= mären, ſecundären und tertiären Schichten, allmählig gebildet in vielen Millionen von Jahren.

Bei dieſem ganzen Prozeſſe der Erdgeſtaltung iſt die Exiſtenz und allmählige Verbindung der chemiſchen Elemente, alſo des Sauerſtoffs, Kohlenſtoffs, Waſſerſtoffs, Stickſtoffs, der Metalle und Me= talloide (man kennt ſolcher materieller Grundformen auf der Erde jetzt einige 60), ſowie das Uebereinanderlagern der ſchwereren und leichteren urſprünglichen feurig flüſſigen Maſſenſchichten vorausgeſetzt. Ebenſo ſind vorausgeſetzt die elementaren Kräfte der Anziehung und Abſtoßung und ihre Darſtellungen in verſchiedenen Bewe= gungsformen, namentlich der Schwere, Cohäſion, Licht, Wärme, mag= neto=electriſchen und chemiſchen Prozeſſen. Wir überlaſſen es der immer tiefer gehenden Wiſſenſchaft, die Stoffe und Kräfte und Bewegungsformen und ihre Metamorphoſen in einander weiter zu verfolgen, bis zu den letzten Prinzipien, der ſyntzetiſchen Einheit der Urkräfte (ſ. die 2. Ab= theilung dieſes Theils).

Dritter Abschnitt.

Das organische Leben auf der Erde und seine Entwickelung.

Das Ganze der körperlichen Formen der Erde theilt sich in u n o r -
g a n i s c h e und in o r g a n i s c h e Gebilde. Jene sehen wir in einer
Reihe von L u f t -, W a s s e r - und G e s t e i n s c h i c h t e n vor uns.
Man kann alle zusammen das Reich der M i n e r a l i e n im weitesten
Sinne nennen. Es sind lauter mechanische und chemische Synthesen
der sog. Elemente, der einfachsten bisher nicht weiter zerlegbaren
Grundformen der Materie. Die individuellen Gestalten, welche
aus diesen unorganischen Synthesen hervorgehen, sind die K r y s t a l l e,
durch bestimmte Polarisirung verwandelte Kugelformen. Die Kugelform
selbst ist die Grundlage der Weltkörper. Sie geht hervor aus
der gegenseitigen gleichmäßigen Anziehung beweglicher Grundtheile.

Die o r g a n i s c h e n G e b i l d e sind die Formen des P f l a n -
z e n - und T h i e r l e b e n s mit dem Menschen als der höchsten
Spitze. Die Reste pflanzlicher und thierischer Wesen, namentlich ihre
Kohlenreste, ihre Panzer, Schalen und Knochen, ihre Abdrücke und Ver-
steinerungen finden wir in allen nach und nach in den Millionen der
Jahre aus dem Wasser niedergeschlagenen Erdschichten und Felsen, worin
die Wesen eingehüllt, und so der Zerstörung und Verwesung theilweise
entzogen wurden. Ja wir finden ganze Kalk- und Kieselgebirge aus den
Panzern und Schalen von Infusorien und anderen Thieren, und große
Kohlenlager aus den Resten pflanzlicher Formen zusammengesetzt. Woher
stammen nun diese und die gegenwärtig lebenden organischen Körper,
welche wir l e b e n d i g e im weiteren Sinne dieses Wortes nennen,
obgleich im engeren Sinne desselben nur die Thiere so bezeichnet werden?
Die organischen Körper sind im Allgemeinen nichts Anderes, als
B l ä s c h e n - oder Z e l l e n s y s t e m e und deren Umformungen;
und diese Zellen sind Synthesen bestimmter chemischer Elemente, welche
schon zu Formen der unorganischen Natur vereinigt waren. Diese Elemente sind hauptsächlich der Sauerstoff, Kohlenstoff, Wasserstoff und Stickstoff, wozu noch Schwefel, Phosphor, Kieselerde, Kalien, Kalk, Eisen und
einige andere treten. Die Hauptelemente, der Sauerstoff, Kohlenstoff,
Wasserstoff, welche die amylon-, zucker- und settartigen, und mit Stickstoff,
etwas Phosphor und Schwefel die e i w e i ß a r t i g e n Körper bilden,
existirten in der unorganischen Natur, auf der Oberfläche der Erde, zum

Theil in Verbindungen, welche wir als Wasser, Kohlensäure und Ammo=
niak kennen. Zuerst, zur Zeit der allgemein glühenden Erde, existirte nur
die unorganische Natur, also auch jene Elemente nur in ihren unorgani=
schen Verbindungen. Dann trat, nach der Abkühlung der Erde, auf ihrer
Oberfläche, in der Durchdringung und Auflösung von Festem und Luft im
Wasser, unter dem erregenden Einflusse von Wärme und Licht,
ein Zusammenrinnen von Elementen zu c o l l o i d i s c h e n Bla=
s t e m e n von eiweiß= und amylonartigen Stoffen ein, von welchen
die synthetische Chemie bereits einige, wie Alcohol und Zucker, aus den
Elementen zu erzeugen vermag. Der Ocean wimmelte von Lebensan=
fängen in der Form, welche uns noch heute in den sog. M o n e r e n er=
scheint, kleinen Kügelchen und Fäden von Lebensstoff, welche noch nicht
einmal Zellenbildung, aber schon entschieden Lebensthätigkeit zeigen:
Selbstbewegung, Zusammenziehung, Verzehrung organischer Materie,
Wachsthum, Vermehrung. Dieses homogene Leben entwickelte sich dann
allmählig, fortwährend Theile der unorganischen Natur in sich umwan=
delnd, durch differenzirendes Wachsthum zu Zellen und Zellensystemen, zu
pflanzlichen und thierischen Gebilden, unter dem Einflusse der einwirken=
den umgebenden Natur, welche die Lebenskeime zur Metamorphose und
Entwickelung treibt. Das erste Entstehen jener M o n e r e n aus der
u n o r g a n i s c h e n Natur ist die U r e r z e u g u n g des L e =
b e n s , alles Weitere die F o r t p f l a n z u n g und F o r t g e =
s t a l t u n g desselben.

Die Pflanze nun, die vegetabilische Lebensform, lebt und vermehrt
sich noch jetzt fortwährend aus der u n o r g a n i s c h e n Natur, zerlegt
mit Hülfe von Wärme und Licht, die Kohlensäure, das Wasser und Am=
moniak, von welchen ihre Zellen durchdrungen werden, und metamorpho=
sirt sie mit Ausscheidung von Sauerstoff in organischen Stoff, nimmt auch
einige Erden in sich auf, und erzeugt so in sich eine Menge von organischen
Säuren, Basen u. s. w., hauptsächlich aber sich selbst, indem die lebendi=
gen Zellen sich fortwährend theilend vermehren und zu Gestalten organi=
siren. Die Zelle ist ein Bläschen mit einem mehr oder weniger centralen
Kern und verschiedenen inneren Schichten und netzförmigem Geäder. Was
die Kugel für die Weltkörper, was der Krystall für die Mineralien, das
ist die Zelle und ihr System für die Organismen. Die höhere ternäre
und quaternäre Synthese der Elemente hat ein neues Kraftsystem erzeugt,
welches zur Zellengestaltung und zum Wachsthum treibt, und in stetem
Prozesse mit seinen unorganischen Mutterkörpern und der Selbstreproduc=
tion aus denselben, begriffen ist.

Das Thier, auf der arderen Seite, kann die unorganische Natur nicht unmittelbar in organischen Stoff verwandeln; es bedarf der durch die Pflanze schon gebildeten fett= und eiweißartigen Stoffe zu seiner Ernährung, Wachsthum und Forterzeugung. Deßhalb ist auch das Leben der Thierfressenden Thiere nothwendig zuletzt gegründet auf das der Pflanzenfressenden. Die Pflanze ist also der unmittelbare nur durch die unorganische Natur vermittelte, das Thier ist der durch die Pflanze vermittelte, insofern höhere Organismus.

Und während die Pflanze den Kohlenstoff der Kohlensäure zurückbehält, und den Sauerstoff im Lichte entbindet und in die Atmosphäre entläßt, wird letzterer von dem Thiere eingeathmet und wieder als Kohlen= säure entlassen, so daß beide Reiche sich in dieser Hinsicht ausgleichen und gegenseitig bedingen.

In allen Organismen erlischt zuletzt die organisch=mechanische Be= wegung, und der organische Stoff metamorphosirt sich in mehrfacher Weise zurück in die unorganische Natur. Das Erlöschen des organischen Ge= sammtmechanismus ist der Tod, und durch Gährung, Fäulniß, Verwesung und Verbrennung erzeugen sich die unorganischen Grundlagen von Neuem, namentlich Wasser, Kohlensäure und Ammoniak, und ein kleiner Rest von Asche. Aber namentlich das Leben der Thiere ist schon selbst Eines mit einem steten inneren Oxydationsprozeß, durch welchen die Desoxyda= tion des Pflanzenlebens wieder aufgehoben wird. Dadurch sind die Kraft= entwickelungen des Thieres mit bedingt, und das Thier erscheint insofern als das Ablaufen der in der Pflanze gespannten Feder. Nur in dem steten Prozesse der synthetischen Elemente kommt Verdauung, Aneignung, Ausscheidung, Bewegung und Empfindung zur Erscheinung.

Obschon jedoch das Individuum untergeht, hat es durch seinen Lebens= prozeß Keime aus sich entwickelt und vollendet, welche die Gattung und Art in neuen Individuen fortsetzen. Das Alte geht unter, das Junge auf.

Nach allem Entwickelten ist das pflanzliche und thierische Leben, also das Leben überhaupt, nur eine andere so zu sagen mehr bedingte und kunstvollere Form des Elementarprozesses, gegenüber der un= organischen Natur. Es ist die Verwandlung des Krystalls in plastische sich reproduzirende Zelle, durch Metamorphose der unorganischen Mutter= lauge in organische Synthese und Form vermittelst specifischer unorgani= scher Naturbedingungen, eine Metamorphose, welche ursprünglich aus diesen Bedingungen allein hervorging, und dann sich durch die er= rungenen Bahnen hin fortsetzt. Die ganze organische Natur bildet sich auf

der Spitze der unorganischen aus der unorganischen durch höhere Synthesen bestimmter Elemente und durch Evolution der so erzeugten organischen Blasteme, und zerfällt immer wieder in ihre Mutterkörper. Die
Bedingungen der e r s t e n E n t s t e h u n g des Organischen waren
in einer bestimmten Z e i t der E r d e n t w i c k e l u n g gegeben,
in ähnlicher Weise wie z. B. das menschliche Weib nur in einem bestimmten Alter zeugungsfähig ist. Die Frage, ob diese sog. generatio spon-
tanea gegenwärtig noch besteht, ist eine durch die Wissenschaft noch nicht
entschiedene. Nichts also kommt zur Erzeugung des Organischen von
Außen zu der unorganischen Natur hinzu, weder ein Atom des Stoffes,
noch eine sog. Seele oder göttliche Idee, welche nur eine mythologische
Vorstellung oder ein Anthropomorphismus der Phantasie ist. L e b e n s -
k r a f t, B i l d u n g s t r i e b, S e e l e und G e i s t sind die
Blüthen, die Bewegungen höherer Gleichgewichtsformen der Elemente
und die Selbstreflexe, Selbstspiegelungen, welche in dem Prozesse sich
erzeugen, und zusammen ein h a r m o n i s c h e s G a n z e bilden,
weil sie aus einem Verbundenen hervorgehen, und sich in der Wechselwirkung mit der vorausgesetzten Natur gestalten zu inneren Gegensätzen, und dann diese Gestaltung in unendlich feiner Keimform
wiedererzeugen. Das höchste Organ des Lebens ist das Organ der Empfindung und willkürlichen Bewegung, das Nervensystem mit seinen Fäden,
Blastemen und Centren. Das Gehirn ist die empfindende und aus
Empfindung durch Bewegung reagirende Daguerrotypie des auf die Sinnesorgane wirkenden Universums. Das Leben im engeren Sinne ist die
S i c h s e l b s t e r s c h e i n u n g des Universums in bestimmten O r -
g a n e n desselben, aufgebaut aus seinen Elementarkräften; zunächst ist
es die Sichselbsterscheinung des organischen Wesens. Dieselben Urkräfte,
Ureinheiten des Wirkens, dieselbe Kette der synthetischen Einheit bildet
die Weltkörper und metamorphosirt sich auf ihnen zu der unorganischen
und organischen Synthese.

Aber wie kann Leben, namentlich Empfindung und Wille aus Tod
entstehen? Es giebt keine todte Materie, eine solche ist nur ein caput
mortuum der Abstraction. Alle Wurzeln des Universums sind Lebenskeime, haben das Princip der Empfindung, der Innerlichkeit, der Selbsterregung in sich, und so ist in allen K r ä f t e n ein Selbst. Keine
Berührung und Wechselwirkung Seiender ist ohne dunkle Empfindung
(Perception) und Trieb (Reaction). Durch die Sammlung und Concentration und durch Reflex und Selbstmultiplication der dunklen elementaren Empfindungs- und Willensmomente in den Sinnen, den Nerven-

knoten und dem Gehirn, wie der Lichtstrahlen in einem Focus, geht das
e r w a c h t e b e w u ß t e Empfinden, die Anschauung, die Vorstellung
und der Wille, als die potenzirte Kraft oder das höhere Selbst hervor.
M a t e r i e und G e i s t sind d a s s e l b e W e s e n in seiner untheilbaren Beziehung nach Außen und Innen, das nach Außen und Innen
reflectirte S e l b s t des Daseins, das sich reflectirt in der Verkettung
mit andern. (S. zweite Abth. dieses Theiles).

Aber wie kann die organische Synthese die z w e c k m ä ß i g e Gestalt erzeugen? In dem Geiste des Thieres und Menschen allein ist der
Zweck a l s Z w e c k gesetzt, und verwirklicht sich durch mehr oder weniger
bewußte Handlungen. Alle organische Gestaltung ist noch bewußtlos.
Aber das organische Wesen ist dieser p l a s t i s c h e , höher beseelte und
in sich leicht modificirbare S t o f f , welcher allem Bestimmtsein von
Außen sich entgegenstimmt, dasselbe in seine Einheit aufnimmt und von
ihr aus gegen sich selbst reagirt durch anpassende Selbstdifferenzirung.
Berührt von der Außenwelt zieht er sich in sich selbst zusammen oder streckt
sich der Außenwelt entgegen, und differenzirt sich gegen die Einwirkung und
wird so G l i e d e r u n g in sich selbst, und hält das Princip dieser
Gestaltung in seinen Keimen fest als unendlich feine, d. h. über unsere
Sinnesanschauung hinausgehende A n l a g e , welche äußerlich gedacht,
die unendlich feine materielle Form, innerlich gedacht das ihr entsprechende, durch die Reize und die Assimilation der vorausgesetzen Natur
vermittelte B i l d u n g s g e s e t z ist. Jedoch nur durch die E n t -
w i c k e l u n g von der e i n f a c h s t e n F o r m aus, in allmähligem
A n h ä u f e n der Modificationen und W e i t e r g e h e n durch dieselben hin ist dieses begreiflich. Das Leben ist die Entwickelung, die
Evolution des Lebens, und ist so im Einzelnen und Ganzen zuerst
begriffen worden durch Männer, wie W o l f f , G ö t h e , B ä h r ,
L a m a r c k , D a r w i n , S p e n c e r , H ä c k e l , V o g t , B ü c h -
n e r u. A.

Die Entwickelung der organischen Formen und der Ursprung des Menschen.

Die organische Entwickelungstheorie, deren Hauptbegründer L a -
m a r c k und D a r w i n sind, ist die Annahme, daß die besondern
A r t e n der organischen Wesen, der Pflanzen und Thiere, sich gebildet
haben von e i n f a c h s t e n U r f o r m e n aus durch deren allmählige

immer weiter gehende Metamorphose in immer neue, namentlich höhere vollkommner organisirte, Arten oder Formen, in einer ununterbrochenen Kette der Fortzeugung und also Blutsverwandschaft. So erscheinen alle Arten als Modificationen, Variationen Eines Wesens in Absätzen und Richtungen seiner Entwickelung, wie dasselbe Wesen als Ei, Raupe, Puppe und Schmetterling erscheint. Dabei muß man naturgemäß eine ursprüngliche Menge von einfachen, zuerst pflanzlichen, dann auch thierischen Urblastemen von im Wesentlichen gleicher Beschaffenheit, sog. Moneren, annehmen, von ihnen aus aber aufsteigende Entwickelungen und Verästelungen der Formen, einestheils in pflanzlicher, anderntheils in thierischer Richtung, so daß allmählig gewisse besonders bildsame und lebenskräftige und begünstigte Arten die herrschenden wurden und durch sie hin die höhere Fortbildung in der Weise der Blutsverwandschaft erfolgte. Dieser Proceß der Varietäten- und Artenbildung dauerte Millionen von Jahren, ist theilweise in den organischen Resten, welche die Erdschichten erfüllen, aufbewahrt, und geht noch immer fort.

Obwohl nun anzuerkennen ist, daß diese Auffassungsweise bis jetzt weder aus den Gesetzen des Lebens noch aus den Thatsachen vollständig begründet ist, wenn auch Darwin, Spencer, Häckel u. A. viel zu ihrer Begründung gethan haben; obwohl also diese Idee noch als Hypothese erscheint, so ist doch diese Hypothese nicht nur höchst wahrscheinlich gemacht, sondern nach allgemeiner philosophischer Betrachtung die einzig mögliche, also gewiß.

Denn es sind über den Ursprung der organischen Arten überhaupt nur 3 Theorien oder Hypothesen denkbar:

1. Die Hypothese besonderer ursprünglicher Seelen oder Schöpferideen, welche zu dem Stoffe der unorganischen Natur hinzutretend, ihm jedesmal einen jeder besonderen Idee oder Seele entsprechenden unwandelbaren Typus geben;

2. Die unmittelbare Erzeugung aus der unorganischen oder aufgelösten organischen Natur von ursprünglich specifischen Naturkeimen, welche sogleich, ohne Weiteres, je eine verschiedene, selbst die höchste Art aus sich entwickelten;

3. Die Theorie der Evolution von Arten aus Arten, oder der Metamorphose der Arten, so daß bestimmte Arten, wenn auch in großen Theilen nicht oder geringe modificirt fortbestehend, doch durch gewisse Glieder hin im Verhältnisse zu der unorganischen und organischen Natur in neue Arten übergehen.

Nun ist die erste Theorie vernichtet durch die Kritik des mytho-
logischen Standpunktes der Naturauffassung und der dualistischen, Materie und Seele trennenden, Weltanschauung überhaupt.
Die zweite ist vernichtet durch die Erkenntniß der Homogenität
in der stofflichen Zusammensetzung aller pflanzlichen und thierischen Blasteme aus denselben eiweiß- und zuckerartigen Körpern, so daß
die Individualisirung der Gestalt nur aus einem Proceſſe des
Blastems im Verhältniſſe zu der unorganischen Natur hervorgehen kann,
das Resultat des Proceſſes aber in den Knospen und Keimen als
organische Anlage aufbewahrt wird, und so immer fort in weiteren Differenzirungen. Und hiermit ist die dritte Theorie als die allein
mögliche nachgewiesen, und erscheint also das ganze Pflanzen- und Thierreich als eine Kette der Evolution mit einer Reihe von Absätzen
und Divergenzen. So schreitet das organische Reich fort in allmähliger
Ansammlung der Errungenschaften, wie wir das-
selbe in dem geistigen Leben sehen. Jene ersteren Hypothesen
hingegen würden der verkehrten Annahme gleichen, als wenn wir einen
noch sprachlosen ersten Menschen sich ohne Weiteres wollten in einen
Newton, Leibniz oder Göthe verwandeln laſſen. Dazu müſſen erst eine
große Menge von Zwischenstufen durchgemacht werden, wie wir
dieselbe in der Geschichte der Menschheit seit vielen Jahrtausenden vorfin-
den. Spencer und Büchner haben schon diese Nothwendigkeit
der Evolutionstheorie aus allgemeinen Gründen gezeigt.

Positiv begründet wird nun dieſe Evolutionstheorie hauptsächlich durch die folgenden Thatsachen der Erfahrung und die darauf zu grün-
denden Schlüſſe:

a) Durch die Thatsache, daß in allen Arten der organischen Wesen ein
Princip der Erhaltung der bestimmten Art oder der Erblichkeit, und zugleich ein Princip der Veränderlichkeit oder
Variabilität sich zeigt, wonach die Art in Varietäten oder
Spielarten übergeht, und immer weiter auseinandergehen
kann. Man denke an die vielen Kohlarten, Aepfelsorten u. s. w.,
an die vielen Hunde- und Taubenarten u. s. w., in welche eine oder
ein paar wilde Grundformen durch die absichtliche Kultur und
Züchtung übergegangen sind, wogegen freilich die natürliche Selection mit den sich allmählig verändernden Lebensbedingungen langsam durch Jahrtausende und Jahrmillionen, aber um so
eingreifender und umfaſſender wirkt. Die Grundprincipien nun der
Metamorphosen-Theorie sind die beiden genannten, der Atavis-

mus (Erblichkeit) und die V a r i a b i l i t ä t, in ihrer Wech=
selwirkung; sie sind das conservative und das reformatorische
Princip, wie sie in der Sphäre geistiger Entwickelung genannt
werden. Und Alles was sich von neuen Formen bildet, welche durch
die umgebenden Lebensbedingungen und ihre eigne innere Kraft im
a l l g e m e i n e n K a m p f e d e r l e b e n d i g e n W e =
s e n u m i h r e E x i s t e n z begünstigt werden, besteht und ver=
breitet sich als n e u e A r t und verdrängt mehr oder weniger die
alte.

b) Durch die Thatsachen der E m b r y o l o g i e, d. h. der Entwicke=
lung und M e t a m o r p h o s e des I n d i v i d u u m s im
Allgemeinen und Besondern ergiebt sich derselbe Schluß der Arten=
verkettung. Man denke an die Entwickelung aller Thiere aus dem
mehr homogenen Eiblastem, insbesondere aber an die Metamor=
phosen der Insecten, so wie der Frösche und anderer Amphibien aus
fischartigem Jugendzustand mit Kiemen in Landthiere mit Lungen;
an den Durchgang der Säugethier=Embryonen, z. B. auch des
Menschen durch die Analogieen der niederen Thierklassen, namentlich
der Fische, Amphibien, Reptilien, Vögel und niederen Säugethiere,
besonders auch in der Gehirnentwickelung. In diesen sonst uner=
klärlichen Thatsachen haben wir D e n k m a l e des ursprünglichen
Metamorphosen=Prozesses, wie in den Ringen des Saturns Denk=
male der Weltkörperbildung, in der aus sich, ohne Begattung,
Männchen erzeugenden Bienenköniginn ein Denkmal der Geschlechts=
Metamorphose. Man hat in neuester Zeit eine Menge von niederen
Thierformen gefunden, welche von ganz ähnlichen ersten Stufen aus,
später in allen Richtungen auseinandergehen.

c) Die v e r g l e i c h e n d e A n a t o m i e der Pflanzen oder
Thierarten oder die sog. M o r p h o l o g i e, insbesondere die oft
in höheren Thierformen noch erkennbaren R u d i m e n t e oder
Reste früherer Formen, wie rudimentäre Zähne bei Kälbern und
Wallfischen; die Zusammensetzung der Füße und Flügel und Freß=
werkzeuge sehr verschiedener Thierarten, niederer und höherer, aus
denselben freien oder verwachsenen Grundformelementen, trotz
der ganz veränderten Form und Bestimmung der Organe; die gleiche
Zahl der Segmente in einer großen Reihe von Gliederthieren, be=
sonders Insectenarten, der Wirbel in Wirbelthierarten u. s. w.,
deuten alle auf die Metamorphosen=Theorie hin, auf identische

Grundformen, während die gänzliche Umbildung der Formen auf den Sieg des reformatorischen Princips deutet.

d) Die **Physiologie** der **Kreuzungen** und **Bastard-bildungen** bei Pflanzen und Thieren, bei letzteren z. B. zwischen Pferd und Esel, Hund und Wolf, vielen Vögelarten u.s.w., beweist die Verwandschaft und Modificirbarkeit derselben, wobei, so-wie die Arten **zu weit** auseinander gegangen sind, kein Pro-duct mehr erfolgt, weil die Bewegungsrichtungen sich zerstören. Auch die Bastarde scharf bestimmter Arten, nicht bloßer Spielarten, sind in der Regel nicht zeugungsfähig, weil, wie es scheint, der Wider-spruch in der totalen Form der Erzeuger das Geschlechtsleben so afficirt, daß dasselbe keine vollendete Keimform hervorbringen kann.

e) Die **Paläontologie** oder die Thatsache, daß die in den äl-teren und jüngeren Erdformationen oder Schichten aufbewahrten Reste von Pflanzen und Thieren eine Verwandschaft der Arten'so-wohl als eine allmählige Veränderung der Formen im Ganzen in **aufwärts steigender** Richtung, vom unvollkommner zu dem vollkommner Entwickelten, zeigen, so daß zuerst niedere im Wasser lebend° Gebilde in beiden Reichen, dann immer höhere er-scheinen, Arten fortwährend verschwinden und neue verwandte an ihre Stelle treten: beweist die allmählige Evolution und Metamor-phose des Lebens in der millionenjährigen Entwickelung, insbeson-tere im Thierreich bis zu dem Erscheinen des Affen und Menschen.

f) Die ganze **Systematic** und **Klassification** des sog. **natürlichen System s** des Pflanzen- und Thierreichs, als gegründet auf die Aehnlichkeit und Verschiedenheit der Formen mit Identität der Grundform, ist nichts Anderes als ein unbewußter Versuch, **einen natürlichen Stammbaum** der Ar-ten dieser Reiche durch Ableitung der Variationen aus der Entwicke-lung einer Grundform zu entwerfen, welcher die Aufgabe der zu-künftigen Wissenschaft ist.

Dieses sind die Hauptgrundlagen der Theorie **Darwin s**: Seine Ansicht der natürlichen Selection oder Auswahl, wodurch Varie-täten sich allmählig zu Arten ausbilden, ist ein wichtiges Moment der Theorie. Aber die Grundlage derselben, die durch den Atavismus zugleich hindurchgehende Variabilität und fortschreitende Differenzirung des Lebens ist bei Darwin noch nicht aus dem **Wesen** des Lebens be-griffen, mehr schon bei **Spencer**, **Cope** u. A. Die Evolutions-Theorie überhaupt aber ist durch **Darwin** und von ihm aus für immer

festgestellt, wie einst von C o p e r n i t u s das neue Weltsystem, von
K e p p l e r und N e w t o n die Gesetze der himmlischen Bewegung,
von L a v o i s i e r die Chemie, von L i e b i g die organische Chemie,
von S c h l e i d e n und S c h w a n n die Zellentheorie.

Nach der Evolutionstheorie ist nun im Allgemeinen folgende Vor=
stellung über die Entwickelung des organischen Lebens auf der Erde und
den Ursprung des Menschen begründet.

Die Erde hatte, nach ihrer Entwickelung bis zur Wasserumhüllten
festen Rinde, ihre Schöpfungsperiode des Lebens, so daß sich die Ober=
fläche derselben damals überall mit nur wenig verschiedenen pflanzlichen
und weiterhin thierischen U r b l a s t e m e n im W a s s e r bedeckte, welche
überall zuerst einfachste Zellenformen erzeugend, sich allmählig zu be=
stimmten überwiegenden Formen concentrirten, von welchen aus sich zu=
nächst die niederen o c e a n i s c h e n Lebensformen, z. B. im Thierreich
Schwämme, Infusorien, Polypen, Muscheln u. s. w. in Metamorphosen
bis zu den F i s c h e n entwickelten; daß dann, indem die Erdoberfläche
mehr i n s e l f ö r m i g und später mehr c o n t i n e n t a l wurde, sich
U e b e r g a n g s f o r m e n aus den vorhandenen Wassergeschöpfen bil=
deten, und diese die S ü ß w a s s e r f o r m e n und die Arten der Land=
gliederthiere, Landmollusken, Amphibien und Reptilien erzeugten, welche
sich allmählig theilweise weiter umbildeten zu Vögel= und Säugethier=
arten bis zum Affen und Menschen hin: während niedere Formen theil=
weise untergingen, theilweise auf ihren untergeordneten Stufen in gerin=
geren Metamorphosen sich erhielten, ähnlich wie wir noch jetzt die ver=
schiedensten Stufen der Menschlichkeit von den Wilden bis zu dem gebil=
detsten Kaukasier n e b e n einander bestehen sehen. In ähnlicher Weise
hat sich die p f l a n z l i c h e Individualität durch den Verlauf der Erdge=
schichte von den niederen bis zu den höchsten Arten der Dykotyledonen
fortgebildet. B e i d e R e i c h e, das niedere der Pflanzen und das hö=
here der Thiere, stiegen allmählig m i t = und n e b e n e i n a n d e r
zu vollkommener differenzirten und organisirten Formen aufwärts. Auf
gleicher Grundlage höherer chemischer Synthese, den eiweiß= und amylon=
artigen Stoffen, beruhend bleibt die eine Form, die v e g e t a b i l i s c h e ,
mit der steten Umwandlung u n o r g a n i s c h e r Formen in o r g a n i s c h e
durch Desoxydation behaftet, während die andere, die a n i m a l i s c h e ,
von einem in jener ausgebornen Punkte der Oxydation des Desoxydirten
und der damit erzeugten Sensibilität und Irritabilität aus sich gestaltet,
den von der Pflanze erzeugten Bildungsstoff in diejenige Form umwan=
delnd, welche dem sensiblen Wesen entspricht. Das Pflanzenreich ist die

allmählige Metamorphose der vegetabilischen Monere und Urzelle zu Systemen solcher Zellen, das Thierreich die allmählige Metamorphose der sensitiven Monere und Urzelle zu Systemen solcher Zellen mit Zurück= belassung eines vegetativen Apparates, welcher das ursprüngliche Pflan= zenprodukt in die Form umbildet, aus welcher sich das ganze thierische System reproduciren kann.

Nachdem nun in obiger Weise die Individualität des Thie= res bis zu den schwanzlosen und zur Noth aufrecht gehenden Affen ge= langt war, bedurfte es nur noch einer weiteren Ausbildung des Gegen= satzes von Händen und Füßen, der Stimmorgane und des Gehirns, um den Menschen durch Metamorphose des Affen ins Dasein zu rufen. Diese Metamorphose bildete sich, wie überall, so auch hier nicht durch plötzliche Umwandlung eines Affen in einen Menschen, sondern durch erbliche Aufnahme und allmählige Anhäufung der in der Menschenrichtung eintretenden Affen=Variationen in den neuen Keimen, bis die volle Gestalt des Menschen entwickelt ist und alle schwankenden Zwischenformen untergegangen sind in dem Kampfe um das Dasein. Vogt, Häckel und Darwin haben die untergegangene Grund= form, aus welcher die jetzigen schmalnasigen und schwanzlosen Affen der alten Welt und die Menschen als divergirende Formen hervorgegan= gen sind, näher zu bestimmen gesucht. Gehen wir nun zurück auf der Stufenleiter des Thierreiches, so kommen wir von den schwanzlosen Affen zu den geschwänzten, von diesen zu den Halbaffen, den übrigen placen= talen Säugethieren, Beutelthieren, Vögeln und Reptilien, Amphibien, Fischen und deren oceanischen Vorstufen, bis zu den thierischen Moneren, also einer langen in die Jahrmillionen gehenden Kette der Ahnen. Es folgt aus dieser Entwickelungstheorie, daß die früheren spitzfindigen Fragen, ob Adam gleich erwachsen oder als ein Keim erschaffen worden sei, ob er einen Nabel gehabt u. s. w., so wie die allgemeinere, ob die Henne oder das Ei zuerst gewesen sei, als Scheinfragen einer noch erkennt= nißarmen Menschheit sich darstellen. Alles thierische Leben geht zuletzt in die thierische Monere als den Urahn zurück; der Affenerzeugte Keim hat den ersten mehr affenartigen sprachlosen Wilden, der Menschenaffe den Affenmenschen, dieser den vollen Menschen hervorgebracht, wie der civili= sirte Mensch eine Metamorphose des Wilden ist. Der geistigste Mensch ist nur die höchst entwickelte und so sich selbst begreifende Monere, welche nach langen Metamorphosen durch die Thierarten hin zu der Form des Menschen und des Begriffes gelangt ist, welche auch jetzt noch immer von Neuem sich aus der Eimonere entwickeln müssen.

Vierter Abschnitt.

Der Mensch, der Geist und der Zweck, und die geistige Entwickelung der Menschheit.

Soweit die Thatsachen bis jetzt reichen, können wir die Urahnen des Menschengeschlechts dahin setzen, wo noch jetzt die menschenähnlichsten Affen, der Gibbon, der Urang, der Schimpanse und Gorilla, in Asien und Africa leben, oder vielleicht in einen früheren Continent zwischen beiden Erdtheilen. Wahrscheinlich ist die ursprüngliche Umbildung der Affen= in die Menschenform nur an einem Punkte der Erde geschehen, obgleich sich die Möglichkeit denken läßt, daß sich von mehreren Menschen= affen-Formen aus, welche dann auf einen gemeinsamen Ursprung weiter zurückgehen, sogleich verschiedene Grundracen der Menschheit entwickelt hätten.

Die Untersuchungen geben das Resultat, daß der Mensch erst an dem Ende der sog. tertiären Erdschichten=Bildungen erschienen ist, nachdem ihm in der tertiären Zeit die höheren Wirbelthierformen, die Säuge= thiere, in großer Zahl vorangegangen waren. Die ältesten bis jetzt von ihm gefundenen Spuren gehen in die Hunderttausende von Jahren und der Mensch lebte schon zusammen mit dem Mammuth und andern seitdem ausgestorbenen Thierarten. Die ursprüngliche Menschenform hat sich, nach Häckel, in 2 Hauptformen differenzirt, die wollhaarige und die schlichthaarige, von welchen jene auf niederen Bil= dungsstufen stehen geblieben ist, und die langköpfige und schief= zähnige Schädelform durchgängig beibehalten hat, letztere hin= gegen zu höherer Entwickelung und runden Schädelformen fortgeschritten ist. Als stufenmäßige Formen der wollhaarigen Race erscheinen die Papua's auf Neuguinea und andern Inseln des Südasiatischen und Australischen Archipelagus, schwarzbraune und schwarze Menschen mit mächtigen wolligen Perücken; und diese gehen in Africa durch die Buschmänner und Hottentotten in die Neger über als die höchste Form der wollhaarigen Race. Die schlichthaarige Menschen= form beginnt gleichfalls mit den Affenartigen Ureinwohnern Australiens und mancher Südasiatischer und Polynesischer Inselgruppen, den Alfu= ru's mit meist schwarzer Hautfarbe, langköpfigem und schiefzähnigem Schädel, schlichtem schwarzem Kopfhaar. Auf sie folgen die Malayen, die Polarmenschen, die Indianer, die Mongolen

und Kaukasier. Die letzteren differenzirten sich in den Semi-
tischen und Indogermanischen Zweig. Zu ersterem gehören die Araber, Abyssinier, Berbern und Juden; zu letzterem die Indischen, Persischen, Celti-
schen, Romanischen, Slavischen und Germani-
schen Völker, welche von Mittelasien aus in verschiedenen Richtungen,
besonders nach Westen hin verdrangen.

Wir sahen nun oben, daß der thierische Organismus wesentlich
die Entwickelung der sensitiven oder empfindenden und aus der
Sensibilität in willkürlichen Bewegungen reagirenden
lebendigen Synthese ist. Der Geist als die allgemeine Sensibilität
oder Innerlichkeit alles Seins, d. h. das Setzen der Form in dem Selbst
des Wesens wird entbunden aus der Bewegung in dem Nervensystem und den von ihm beherrschten Organen der Empfindung und willkürlichen Bewegung, welchen ein System der
Reproduction als Basis unterliegt, durch welches die bedingenden
pflanzlichen Stoffessynthesen aufgenommen und zum Wachsthum und zur
Verjüngung des ganzen Organismus vorbereitet, und durch Zersetzungen
vermittelst des aufgenommenen Sauerstoffs die Wärme- und Kraftentwi-
ckelungen erzeugt werden. Dieses Wesen des thierischen Organismus von
dem Grundblastem aus reagirend paßt sich dem Wasser, der Luft, dem
Festland an in entsprechenden Geschöpfen ; und immer weiter fortschrei-
tend in der Arbeitstheilung und Concentration zugleich,
durch anhäufende und umbildende Gestaltung, erreicht dasselbe in dem Menschen seinen höchsten Punkt. So ist denn
auch das wahre Thier im Thier, das Nervensystem mit seinen specifischen
Organen, den Sinnen und dem Muskel- und Knochensystem, in dem
Menschen am mächtigsten und in dem vollkommensten Gleichgewichte organisirt. Namentlich das Centralorgan des Nervensystems selbst und
damit des geistigen Lebens, das Gehirn, ist so überwiegend und
selbstständig als reflectirender Brennpunkt der Sensibilität entwickelt, daß dieselbe in ihm nicht nur frei wird, sondern sich
potencirt, Thätigkeit des Denkens oder der Selbstanalyse
der Sensibilität wird, und hiermit das freie Bewußtsein und das Selbstbewußtsein, überhaupt das eigentliche Bewußtsein und
Erkennen aus dem bloßen thierischen Selbstgefühl und
sinnlichen Wahrnehmen als die höchste Stufe der verselbstständigten Innerlichkeit des Seins hervortritt, in schwachen Anfängen zuerst, dann aber
in immer stärkerer Entwickelung durch die Menschheit hin. Dieser Punkt

des freien Bewußtseins und Erkennens, d. h. der **Vernunft** ist der springende Punkt des Menschen, wie die Sensibilität der Springpunkt des Thieres. Und er ist die Vollendung, das **Ende** des **Thieres**, nicht durch Aufhebung in eine neue organische Form, sondern durch Aufhebung der organischen Form in **Gedanke, Sittlichkeit** und **Kunst**; durch die Umbildung der **Nothwendigkeit** in den **Zweck**, die **Idee**. Denn der Zweck ist nichts anderes als die Nothwendigkeit gesetzt im **freien Bewußtsein**, reflectirt in die Idee und hier gewissermaßen **entbunden**, so daß die vielfachen Formen der Nothwendigkeit in dem freien Bewußtsein als mögliche Momente einer Auswahl erscheinen, und das Subject sich entschließt, zur Verwirklichung einer Realität gegenüber andern, vermittelst seines natürlichen Organismus. Der **Zweck** ist so eine in der Vorstellung oder **Idee** gesetzte Realität und das **Subject** der **Idee** ergreift die Momente der Objectivität als die **Mittel**, und faßt sie zusammen der Idee entsprechend, realisirt so die Idee. Das Zwecksetzen und der Zweck ist also eine **reflectirte Innerlichkeit** der Nothwendigkeit, die ideale Welt des im Gehirn lebendigen Subjects, welche reagirt gegen die äußere Welt. Die Nothwendigkeit nimmt die Form der Freiheit an. Das **Bestimmende**, Determinirende, in dieser Welt der Freiheit ist im **Allgemeinen** die **Selbsterhaltung** und **Selbstentfaltung** des Subjects, näher des Menschen, die Selbstbejahung seiner Individualität, welche nur zerbrochen werden kann durch die tiefste Entzweiung des Lebens. So setzt der Mensch sich sein totales Leben als **Ideal**, und sucht die Objectivität in allen Richtungen so zu bestimmen, daß sie diesem Ideal entspreche. Der Mensch hat daher keinen Zweck **außer sich selbst**; er entstammt der Naturnothwendigkeit, und sein Zweck ist nur seine Selbstbejahung im Bewußtsein. Erkennen, Arbeit, Sittlichkeit, Kunst, Genuß — Alles ist nur die Selbstbejahung des bewußten Subjects. Wir werden sehen, daß das **Ziel** der Menschheit, der Humanismus, nur die Realisirung der Idee ist. das **einzelne** Menschenleben von seinen Widersprüchen vermittelst der Wissenschaft, Arbeit, Kunst und Sittlichkeit Aller zu befreien.

Denn der freie geistige Mensch ist so wenig wie das Universum, die Pflanze oder das Thier, mit einem Schlage da, er ist nur durch das **Hervorbringen seiner selbst** aus dem Dunkel des thierischen Lebens durch **allmählige Anhäufung** und **Concentration** seiner **Errungenschaften**, Ideen und Künste, durch

Forterbung, Fortpflanzung derselben und Vermehrung und Vollendung von Geschlecht zu Geschlecht. Der freie Geist geht nur hervor durch die Selbstbefreiung des Geistes. Jedes Individuum, jedes Volk ist nur ein Glied in dieser Kette, in der Synthese der Geister. So individualisirt und vollendet sich der Geist, das bewußte Leben, nach denselben Principien wie das Leben durch eine Kette der Vererbung und Weiterschöpfung, des c o n s e r v a t i v e n und p r o g r e s s i v e n Princips. Und da das geistige Leben mit dem thierischen, dem Mangel und der Einseitigkeit des Erkennens beginnt,, so ist es am Anfange in der S c h w ä c h e und dem S c h e i n e befangen, und seine Entwickelung ist allmählige Ueberwindung des Scheins und der Schwäche und Ueberführung in die Wahrheit und Stärke.

D i e G e s c h i c h t e d e r M e n s c h h e i t, ein höheres Seitenstück zu der D a r w i n'schen Geschichte des Pflanzen- und Thierreichs, ist diese geistige Entwickelung resp. Befreiung des Menschengeschlechts. Auch hier, wie bei den Pflanzen- und Thierstufen, bleiben Theile der Menschheit auf niedrigen Stufen lange stehen, während andere und immer neu sich entwickelnde fortschreiten, so daß zuletzt der niedrigste Wilde noch neben dem höchst intelligenten Kaukasier besteht, doch mehr und mehr das Niedere untergeht und absorbirt wird. D i e I n t e l l i g e n z s i e g t i n d e m K a m p f e u m d a s D a s e i n, und wird, wie durch sich selbst als Bedürfniß, als höherer Trieb des Lebens, so auch weiter getrieben d u r c h d e n K a m p f um das Dasein, durch die übrigen Bedürfnisse des Lebens. Aber der Geist selbst steht ü b e r der Sphäre dieses Kampfes um das Dasein, wie die unorganische Natur d a r u n t e r steht. Denn im Geiste ist das N e h m e n u n d G e b e n d e r I d e e n als des geistigen Eigenthums, kein Verlust weder für die objective Natur, aus welcher die Ideen geschöpft werden, noch für den Gebenden, sondern ein G e w i n n A l l e r in der Wechselmittheilung. Die Ideen sind nur B i l d e r , Reflexe des Seins im geistigen Subject; und die Bilder können sich ohne Verlust vervielfältigen von Individuen zu Individuen, so daß Alle immer reicher an Erkenntniß werden. In der Sphäre des Erkennens sind wir daher erhaben über den Kampf ums Dasein, und der Geist als H u m a n i s m u s giebt diesem Kampfe eine mildere Form eben durch die E r k e n n t n i ß u n d d e r e n W i l l e n, d. h. durch die vernünftige Gestaltung des Menschenlebens und der Menschenwelt zu einem h a r m o n i s c h e n O r g a n i s m u s. Indem aber zunächst alle niederen mit dem Schein und der Schwäche behafteten Stufen durch die in ihnen immer fortschreitende Anhäufung und Concentration der Ideen und

Künste sich umwandeln, und die höheren als die stärkeren sich aus jenen entwindenden sie besiegen: so geht die Entwickelung der Menschheit selbst in der Form der Nothwendigkeit ihrem Ziele zu, und nur der Mensch so weit er frei d. h. erkennende und sittliche Vernunft geworden ist, beherrscht die Nothwendigkeit durch die Idee, den Zweck, so weit dies die Stellung des Menschen in dem Universum zuläßt. Dieser Humanismus, diese frei gewordene menschliche Vernunst, ist die Vollendung des Menschen, ist für den menschlichen Geist, was der Mensch für das Thier, die erreichte Vollendung seines Wesens, welche nun die Entwickelung regiert. Wie das thierische Leben mit dem Menschen, so schließt die Entwickelung der Menschheit mit der Vernunft, der Herrschaft durch Erkenntniß.

Nachdem nun die Menschenform durch die Differenzirung der Hände und Füße, die Aufrechtstellung, die Vervollkommnung des Gehirns und der Sprachorgane, organisch festgestellt war: so war der erste Hauptschritt des Menschen als Menschen die Verwandlung der thierischen Empfindungs- und Vorstellungslaute in die Sprache. Sie ist das Product des im Gehirn frei werdenden Bewußtseins, des denkenden Menschen als sich aneignend die thierischen Laute und dieselben zu Ausdrücken und Zeichen eines Allgemeinen im Vorstellen machend, um dadurch einestheils das Allgemeine des Vorstellens für das Bewußtsein selbst zu fixiren und abgegliedert festzuhalten, welches sonst in dem einseitig idealen Gehirnleben immer wieder verschwimmen würde, und anderntheils um sich Andren mitzutheilen. Die Sprache ist daher das Resultat des vom Denken durchdrungenen sich in der Empfindung und Aeußerung zu verwirklichen strebenden Vorstellens, ein Produkt, eine Aeußerung des denkenden Empfindens. Die sinnlichen Empfindungen, Anschauungen und Vorstellungen des Thieres sind in dem Menschengehirn zu allgemeinen Vorstellungen und Gedanken zusammen geschmolzen, als solche Allgemeinheiten festgehalten, und suchen nun einen festen sinnlichen Anhalts- und Repräsentationspunkt, ein Symbol und Zeichen ihrer selbst. Sie finden dasselbe am einfachsten und mühelosesten in dem Wort, erzeugt durch die Synthese der Laute der Stimmorgane. Jedes Wort ist nur ein Zeichen für eine allgemeine Vorstellung, für die analysirte und inducirte Sinnlichkeit. Auch wenn ich sage: dieser Baum, so ist dieses nur für die sinnliche Empfindung und Anschauung eine absolute Einzelheit, denn jeder Baum der sinnlichen Anschauung ist ein dieser Baum.

Wie in der Sprache und Schrift, so offenbart und entwickelt sich nun das freie geistige Leben in allen Richtungen des Menschenlebens, und schreitet in ihnen fort durch stufenmäßige Entwickelungen, immer vollkommenere Formen erzeugend. So in der Ernährungs- und Lebensweise, in der mechanischen Kunst und Arbeitsgliederung, in der Gestaltung des Familien-, Gesellschafts- und Staatslebens, in der Wissenschaft, den sittlichen und religiösen Ideen und der freien und idealen Kunst. Indem in allen diesen Richtungen die erste Rohheit stufenweise überwunden und das Vollendetere geschaffen wird, so wird damit der Mensch immer menschlicher, bis er den vollen Standpunkt der Vernunft d. h. des Erkennens, der Sittlichkeit und der Kunst erreicht hat, und damit das ewige Gesetz des Menschenwesens durch Ueberwindung des blos thierischen Lebens sich verwirklicht hat.

Betrachten wir nun die Racen und Völker des Menschengeschlechts in ihrer Beziehung zu der Entwickelung der Menschheit, so finden wir, daß die wollhaarige Race, sowie die Malayen, Polarländer und Indianer auf niederen Bildungsstufen in allen Richtungen stehen geblieben sind. Erst in den Mongolischen und Kaukasischen Kreisen als den höheren Formen der schlichthaarigen Menschenrace treten höhere Bildungsstufen hervor.

Diese höhere Entwickelung erscheint zuerst mehr selbstständig in einzelnen Völkern, welche nach und nach aus den Grundstämmen durch Ausbreitung und Individualisirung hervortreten, und geht sodann mehr und mehr in eine Wechselwirkung von Völkern, und endlich in einen Strom der Menschheit über.

Der Weg dieser höheren Entwickelung geht durch folgende Hauptvölker: Zuerst in der alten Welt durch die Chinesen, Indier, Perser, Aegypter, Phönizier, Karthager, Juden, Griechen, Macedonier, Römer. Dann, seit der Zertrümmerung des Römischen Reichs, durch die Araber, die Romanischen, Germanischen und Slavischen Völker in dem Mittelalter und der Neuen Zeit, namentlich durch die Portugiesen, Spanier, Italiener, Franzosen, Engländer, Deutsche, Belgier, Holländer, Skandinavier, Russen und Nordamerikaner. In den Nordamerikanischen Freistaaten ist bereits der Anfang der Auflösung aller Nationalitäten in die Idee der freien gleichberechtigten Menschheit gemacht, wie dieselbe Idee den Bestrebungen des internationalen Bundes in Europa zu Grunde liegt.

Die Neue Zeit als unser sich immer mehr vollendender Standpunkt ist vor Allem dadurch charakterisirt, daß die Wissen= schaft der früheren religiösen Phantasiegewalt und damit dem Scheine die Herrschaft entreißt. In Mathematik, Naturwissen= schaften, Geschichtswissenschaft und Philoso= phie ist die Menschheit seit vier Jahrhunderten mächtig vorwärts ge= schritten. Und damit auch in geographischen Entdeckungen und in den mechanischen Künsten, welche jetzt gipfeln in Maschinen aller Art, electrischen Telegraphen, Spectroscop u. s. w. Eine große Entdeckung und Erfindung nach der andern wurde in der Neuen Zeit gemacht: die Buchdruckerkunst erfunden, Amerika und der Seeweg nach Ostindien gefunden, das Kopernikanische Weltsystem aufge= stellt, die Gesetze der Bewegung der Weltkörper entdeckt, die Schwere der Luft erkannt, Barometer, Thermometer, Mikroskop und Teleskop erfun= den, die chemischen Elemente, der Galvanismus, der Electro=Magnetis= mus, die Undulationstheorie des Lichts, die organische Zellenbildung und Chemie, die kosmologischen, geologischen und organischen Entwickelungs= theorien so wie die der Correlation und Metamorphose der Kräfte aufge= stellt, die Spectralanalyse aufgefunden u. s. w. Während die Mathematik bis zur Lösung der schwersten Probleme durch die Infinitesimal=Rechnung fortschritt. Nimmt man hierzu die Entwickelung der Philosophie so wie die philosophisch=geschichtliche Kritik der Religion und ihrer Urkunden: so ergiebt sich aus Allem der unvermeidliche Untergang der reli= giösen Phantasiewelt, die Auflösung der alten dualistischen Vorstellungen von Materie und Geist, und der Sieg der monistischen oder einheitlichen Weltanschauung.

Auf der andern Seite und in gleichem Schritte mit der sich ausbrei= tenden Herrschaft der Wissenschaft, lösen sich die alten einseitigen und ge= bundenen Formen des gesellschaftlichen Menschen= lebens auf in die allgemeine demokratische und sociale Freiheit, wie diese in der Unabhängigkeits=Er= klärung der Vereinigten Staaten und in den Ideen der Französischen Revolution, der Idee der Frei= heit, Gleichheit und Brüderlichkeit, seinen Aus= druck gefunden hat. Die Aufgabe der Menschheit ist nunmehr die, auf diesem Boden der Freiheit und Gleichheit das Leben der Menschen nach den Gesetzen der Vernunft neu zu organisiren, und so den in dem Menschen mitgesetzten Kampf um das Dasein dem Geiste unterzuordnen, und Allen die möglichst vollkommene Entwickelung des Lebens in allen Richtungen möglich zu machen, d. h. ihre **Glückselig- keit** zu fördern.

Diese **Gesetze des Humanismus** sollen in dem zweiten Theile entwickelt werten, nachdem wir noch in einer zweiten Abtheilung dieses 1. Theiles die **letzten wissenschaftlichen Princi- pien** der einheitlichen Weltanschauung, d. h. die wahre **Metaphysik** des Universums gegenüber den religiösen Phantasieen dargelegt haben.

Zweite Abtheilung:

Das Universum als Gegenstand der Vernunft, oder die letzten Principien der Erscheinungswelt.

In den 4 Abschnitten der ersten Abtheilung ist gezeigt worden, wie sich uns das Universum in seinem Zusammenhange und seinen Entwicke- lungen nach den Untersuchungen der **Erfahrungswissenschaft** thatsächlich darstellt, soweit dasselbe von der Anschauung des Menschen er- reicht, und das außer der unmittelbaren Anschauung Liegende aber an sich Anschaubare, wie die Bildung der kosmischen Systeme, der Erde, der Pflanzen- und Thierarten, durch Hypothesen, welche auf Induction und Analogie gegründet sind, wahrscheinlich gemacht wird.

Aber schon die Analyse, d. h. die zergliedernde und ursächliche Er- kenntniß, der Erfahrungswissenschaft geht weiter. Um das Anschauliche zu **erklären**, auf ewige Gründe zurückzuführen (da ja aus Nichts Nichts werden kann), macht sie gewisse **Voraussetzungen** von unsichtbaren Wesen und Wesenheiten, aus deren **Zusammenbeste- hen** die Erscheinungen folgen, welche wir anschauen können. So setzt

sie Raum und Zeit, Stoffe und Atome als Urelemente, Kräfte und Gesetze voraus, z. B. die chemischen Ele-
mentar-Atome, Anziehungs- und Abstoßungskräfte, das Gesetz der Gravitation, die mechanischen und chemischen Gesetze, das Gesetz der Evolution.
Auch erklärt sie meist die Kräfte für untrennbar von dem Stoffe, als
deſſen Eigenschaften, und die Gesetze für untrennbar von Stoff und Kraft
als deren nothwendige Formen.

So sind wir im Gebiete der Principien des anschaulichen
Universums. Aber die fortschreitende denkende Betrachtung zeigt, daß
alle diese Principien der Erfahrungswiſſenschaft w e i t e r e V o r a u s -
s e t z u n g e n in sich schließen, und daß wir daher fortschreiten müſſen
bis zu dem V o r a u s s e t z u n g s l o s e n , d. h. zu der absoluten
Vorausſetzung oder zu den l e t z t e n Principien, welche nicht mehr zergliedert und abgeleitet werden können, daher das u n b e d i n g t e
e w i g e S e i n darstellen. Die Erfahrungswiſſenschaft geht so zuletzt
über in P h i l o s o p h i e und M e t a p h y s i k, in Vernunftwiſ-
senschaft.

Denn Raum und Zeit sind S y n t h e s e n , also analyſirbar
und deducirbar, und abgelöst von der Realität sind sie sich widersprechende
Begriffe. Das Atom, insofern es Größe und Gestalt haben soll, ist eine
Synthese von Theilen, nur ein äußerst kleiner Körper. Eine Kraft und
ein Gesetz ohne Synthese von Seienden ist undenkbar, eine bloß ä u ß e r e
Synthese aber erklärt nicht das Universum. Es entstehen die Fragen:
Ist alle Vielheit aus Einem entwickelt, oder giebt es ein ursprünglich
Vieles, welches Einheiten, Verbindungen durch sein Zusammentreten entwickelt? Ist in erſterem Falle das Eine Geist oder Materie? Und was
sind die Vielen im zweiten Falle? Oder giebt es eine ursprüngliche Einheit oder Verknüpfung eines Einen und der Vielen? Was ist Nothwendigkeit, was ist Zweck? Wie kann das ewige Sein, das Unbedingte gedacht werden, da es grundlos, ohne Ursache also ohne Nothwendigkeit und
Zweck ist, und doch beide in sich trägt.

Alle diese Fragen werden gelöst in der Idee, daß der Grund des
Universums das ursprüngliche, unerzeugte, Mit- und Füreinander-Be-
stehen, oder die u n b e d i n g t e C e n t r a l i t ä t und S y n -
t h e s i s von u n b e d i n g t e n materiell-geistigen Eins des Seins
und Wirkens oder S e l b s t b e s t ä n d e n ist, welche in w e c h s e l n -
d e r R e l a t i v i t ä t das Schauspiel des Universums und des Bewußtseins erzeugen. Dieses soll jetzt streng wiſſenschaftlich in einer Reihe
von Nummern gezeigt werden.

1) **Erkennen** ist das Setzen des Seins oder der gegebenen Realität in dem denkenden Bewußtsein.

2) **Gegeben** ist uns das Sein durch die **Erfahrung**, d. h. durch seine Erscheinung, sein **Bild** in uns, welches sich erzeugt durch die **Wirkung** des Seins auf die Sensibilität oder das empfindende Leben und dessen Reaction.

3) **Denken** ist die Vergegenständlichung und Zergliederung (**Analyse**) der objectiven und subjectiven Momente des Anschauungs-Bildes, und in und mit dieser Thätigkeit des Denkens ist das empfindende Ich erkennendes Bewußtsein. Die Analyse durch Denken **ergänzt** die unmittelbare Erscheinung durch die in ihr liegenden **Voraussetzungen**, und diese Ergänzung endigt nothwendig in der **absoluten** Voraussetzung, welche selbst keine Voraussetzung mehr hat, d. h. in dem absoluten Sein.

    Anmerkung. Das Denken geht **nothwendig** fort zu dem **Absoluten** oder der **unbedingten** Position, weil dasselbe alles Werden, alle Erscheinung nur in dem ewigen identischen Sein fassen, resp. befestigen kann. (S. No. 7.) Das Denken als dieses Erfassen des Absoluten hat man die speculative **Vernunft** genannt, und ihr den **Verstand** als das Erfassen der Formen der Erscheinungswelt gegenübergestellt. Der Empirismus und alle darauf gegründeten Standpunkte, wie jetzt **Comte**, **Mill**, die **Relativisten** und **Sensualisten**, erklären die Vernunft, und damit ihre Wissenschaft, die Metaphysik, oder das Erkennen des absoluten Seins, und die Philosophie oder das Erkennen der Erscheinungswelt in und aus dem Absoluten, für Hirngespinnste, Phantasieen u. s. w., und lassen blos die Erfahrungswissenschaft des Verstandes gelten. Der Empirismus giebt zwar mit **Spencer** das Absolute zu, erklärt aber, daß dasselbe über oder außer dem menschlichen Erkennen liege. Denn er **muß** dasselbe zugeben, wenn er nicht No. 7 und damit den Verstand selbst vernichten will. Die Vernunft ist nichts Anderes als das Denken, der Verstand, das Begreifen fortschreitend zu der **absoluten Analyse**.

    Das **Absolute** ist also für das Denken das unbedingte, grundlose, voraussetzungslose aus keinem Andern **ableitbare** Sein oder Positivität, während alle Erscheinungen, das Werden, das Relative aus **Voraussetzungen** hervorgehen, welche zuletzt in jenem Voraussetzungslosen gegeben sind. Dieses Voraussetzungslose sind die **letzten Principien** der Erscheinungswelt. Ein

Bestreiten derselben überhaupt ist reiner Mißverstand und
Unsinn; und die Behauptung, daß dieselben über oder außer der
Erkenntniß des Menschen lägen, bloßer Mangel und Selbstwider=
spruch des Erkennens. Mit Recht sagt der große Naturforscher J o h n
T y n d a l l in einem seiner genialen Blicke: "Supposing our
theologic schemes of creation, condemnation, and redemp-
tion, to be dissipated; — would the undeflected human
mind return to the meridian of absolute "neutrality" as re-
gards these "ultra-physical" questions? Is such a position
one of "stable equilibrium?" (Fragments of Science p. 123.)
Diese "ultra-physical questions" sind eben die metaphysischen und
speculativen Fragen, welche nicht weggeworfen, sondern mit der
Erfahrungswissenschaft als deren letzte Erklärung in H a r m o n i e
gesetzt werden müssen, indem ihre Lösung sich f r e i macht von den
u n m ö g l i c h e n Voraussetzungen der religiösen Phantasie.

Zwei Fragen nun scheinen bei dem Gedanken des Absoluten sich
aufzudrängen:

a) W a s i st das absolute Sein als der einzige E r k l ä =
r u n g s g r u n d der Erscheinungswelt?

b) Hat das so bestimmte absolute Sein eine ä u ß e r e
oder i n n e r e N o t h w e n d i g k e i t seiner Existenz?

Die Antwort auf die erste Frage ist diese: Das absolute Sein ist
ein ewiges System verketteter Urmomente oder einheitlicher Urwesen
(Monaden, Entelechieen, Urkräfte, Urelemente, Urpunkte, Seelen
des Seins und Wirkens). Die z w e i t e Frage als bloße r e =
g r e s s i v e Begründung für das Erkennen fällt mit der ersten zu=
sammen. Das so bestimmte absolute Sein ist we i l die Erscheinungs=
welt ist, und diese ohne jene absolute Voraussetzung nicht g dacht wer=
den kann. Aber es kann kein erzeugendes Princip, kein Grund, keine
Ursache des Seins schlechthin mehr gedacht werden, sonst würde es
zur E r s c h e i n u n g. Insofern stehen Verstand und Vernunft
hier still. Das Ewige hat keine Voraussetzung, sondern ist die
Voraussetzung der ganzen Unendlichkeit des Werdens und Erschei•
nens. Das Denken kann nur von ihm aussagen: Das absolute
Sein i st, während das absolute Nichts n i c h t ist, nicht gesetzt
werden kann; und weiter: Das absolute Sein kann sich nicht selbst
w i d e r s p r e c h e n, sich nicht selbst aufheben, es muß, wie sein
Gedanke, in sich selbst bestehen. Aus letzterem folgt, daß das Abso=
lute weder eine theilbare selbst= oder geistlose Urmaterie, noch ein

immaterieller naturlofer Geift fein kann. Denn jene Ur=
materie ſetzt nothwendig ein Zuſammen, eine Syntheſis einfacher
Urelemente voraus; und der Geiſt, das erkennende Ich, ſetzt
eine Reflexion, eine Brechung und Rückkehr des Seins durch Ande=
res und aus Anderem, ſetzt alſo ſchon die Materie voraus. Das
Abſolute kann daher nur das nach Außen und Innen bezogene ma=
teriell=geiſtige Urelement ſein, geſetzt in einem Zuſammen
der Urelemente. In dieſem Zuſammen, dieſem Ganzen iſt es wohl
der Stoff und die Kraft aller Erſcheinung, iſt es das Princip
der Materie und des Geiſtes. Es iſt die Entelechie, die
Seele im Erſcheinen, ein Unſinnliches, welches durch ſein
Scheinen in Andere ſinnlich, und durch ſein Inſich=
ſcheinen Sinn iſt. Das Univerſum kann daher nichts
Anderes ſein als das in ewiger Bewegung begriffene Syſtem der
ewigen Entelechieen, der verbundenen wechſelwirkenden und leben=
digen An= und Fürſich=Seienden. Das Sinnliche und
der Sinn kann nur die Form ſein, in welcher die Beziehung
der Unſinnlichen, Idealen, der Seelen erſcheint.
Das Abſolute iſt daher das ewige Sein als die Wurzel gleichſam
aller Materien und Perſönlichkeiten. Dieſes ſoll nun in dem Fol=
genden, durch Faſſen der Erſcheinungswelt in der Vernunft, näher
entwickelt werden.

4) Eine Trennung und Entgegenſetzung von Sein und Den=
ken, Subject und Object, Vorſtellung und Ding, iſt eine bloße Ab=
ſtraction des Bewußtſeins, in ſich ſelbſt nichtig. Alles
Denken iſt in dem Sein, es iſt nur das Sein als
Kraft der innern Reflexion oder Selbſterſcheinung in ihrer einheitli=
chen Allgemeinheit, in welcher ſtets die Objectivität eingeſchloſſen iſt.

5) Sein im allgemeinſten Sinne iſt Poſitivität, Gegenſtand einer
möglichen Erfahrung überhaupt, und ſo iſt es ein Gegenſatz
gegen das Nichts und gegen eine nur ſubjective Produc=
tion, ein bloßes Bild, einen bloßen Schein, deſſen Poſivi=
tät aber auch in dem Nerven= und Gehirnleben liegt. Im ſtrenge=
ren Sinne iſt Sein Selbſtſtändigkeit, Unbedingtheit,
an und für ſich Beſtehen, und ſo iſt es ein Gegenſatz gegen bloße
Reflexe als von ihm abhängige Wirkungen, Erſcheinungen. Dieſes
ſelbſtſtändige Sein nennen wir Weſen und Subſtanz als
Grund und Träger von Wirkungen und Erſcheinungen, und Kraft iſt
es als das erzeugende Princip derſelben. Die Qualität iſt

die innere Bestimmtheit des Seins, die Q u a n t i t ä t das viel=
fache Setzen des Seins und seiner Bestimmtheit.

6) E r s ch e i n u n g im allgemeineren Sinne nenne ich das Sein oder
das Wesen, insofern es scheint, d. h. sich an Anderem setzt, bricht
und reflectirt; im engeren Sinne, insofern es in der Empfindung
und Vorstellung scheint, d. h. B i l d in dem Ich ist. R e a l e
Erscheinung im letzteren Sinne ist die durch die unmittelbare G e =
g e n w a r t des Seins erregte Empfindung und Vorstellung oder
Bild im vorstellenden Subject.

7) S e i n a n s i ch , Wesen oder Substanz ist absoluter, unbeding=
ter S e l b s t b e s t a n d , unerschaffen, unzerstörbar, untheilbar.
D e n n a u s N i ch t s w i r d N i ch t s , u n d N i ch t s w i r d
z u N i ch t s . Deshalb geht alles Werden, gehen alle Wirkungen
und Erscheinungen zurück in das ewige, identische Sein, in welchem
aller C a u s a l i t ä t s = P r o z e ß stehen muß. Das ist das
absolute G e s e tz der V e r n u n f t, d. h. des Denkens als des
sich selbst in der Identität seiner Nothwendigkeit begreifenden Seins.
Es ist die mit sich einstimmige Position, die I d e n t i t ä t der Posi=
tion, der Nichtwiderspruch. Alle Nachweisungen der Erfahrungs=
wissenschaft über die Identität der Schwere, der chemischen Elemente,
der Kräfte u. s. w. in den Metamorphosen der Körper und Erschei=
nungen sind Bestätigungen jenes Grundgesetzes, mit dessen Aufhe=
bung alle Wissenschaft, Kunst und Realität verschwinden würde in
einen Traum der Phantasie. So wie daher die Erfahrung die
z e i t l i ch e Voraussetzung der d e n k e n d e n Vernunft ist, so
ist die V e r n u n f t im allgemeinsten Sinne als die Identität in
der Nothwendigkeit des Seins die a b s o l u t e Voraussetzung oder
das ewige Gesetz des Universums und des Erkennens. (m. verg. No.
26. Anm. Ende.)

8) Gegenüber dieser Identität des Wesens stellt sich uns aber
W e r d e n , V e r ä n d e r u n g , Entstehen und Vergehen von
D a s e i n s f o r m e n , als Thatsache der erscheinenden Welt
dar. Sie enthalten aber eine N i ch t i d e n t i t ä t i m S e i n,
und müssen doch, da aus Nichts Nichts wird, an das ewige identi=
sche Sein geknüpft werden. Wie ist dieses denkbar?

9) Es ist dieses nur denkbar (ohne logischen Widerspruch), wenn gleich
ewig mit dem Sein oder Wesen eine R e l a t i v i t ä t gesetzt ist
und ein W e ch s e l dieser Relativität, wodurch eine F o r m und
ein F o r m e n w e ch s e l in dem absoluten Sein irgendwie begrün=

det sein muß, ohne daß die Identität des Wesens dadurch aufgehoben würde.

10) Wäre nun das ewige Sein oder Wesen Ein Sein, Ein Wesen, Ein mit sich Identisches ohne alle Vielheit oder
Entgegensetzung, so könnte keine Relativität, also auch kein Wirken
und Wechsel, keine erscheinende Welt bestehen, weder eine objective
noch eine subjective, innere Welt des Bewußtseins. Und es ist ver-
gebens, aus diesem Einen die Welt durch einen Darstellungs-, Ent-
wickelungs- oder Erscheinungstrieb, oder durch eine Selbstentgegen-
setzung, Selbstspaltung, absolute Negativität oder gar durch eine sog.
Schöpfung begründen zu wollen, da dieses Alles eine Negation in
seinem Sein, eine Selbstverneinung, also einen logischen Widerspruch setzen würde, in Wahrheit hingegen jedes Werden, jeder Trieb,
jede Bewegung und Spaltung schon irgend eine Entgegensetzung in dem Sein und eine Beziehung dieses Entgegengesetzten voraussetzt.

11) Es muß mithin eine ursprüngliche, absolute oder
unbedingte Vielheit und alle Entgegensetzung in dem
Sein, oder es muß das Sein als ursprünglich Vieles gesetzt werden,
wenn ein Universum möglich sein soll.

12) Eine ursprüngliche Vielheit im Sein oder des Seins ist aber eine
ursprüngliche Vielheit von Seienden. Denn jedes Moment
der Vielheit im Sein, wie es auch weiterhin gedacht werde, z. B.,
als Kraft oder Qualität würde sein, würde ohne alle Zusammen-
würde ein Moment des Seins, ein ursprünglicher Selbstbestand sein,
und alle Relativität und die sich darin darstellenden Eigenschaften,
Kräfte u. s. w. auf solche ursprünglichen Seins-Momente zurückgehen,
mithin würden die Momente das Sein als vielmal gesetzt, als individualisirt, folglich eine Vielheit von Seienden darstellen.

13) Und jedes dieser Seienden, dieser Urpositiven, oder ursprünglichen Substanzen, Elemente, Selbstbestände
muß nothwendig einfache Identität mit sich, oder ein einfaches
Sein sein. Denn könnte es wieder zerlegt werden, so würde es ein
Zusammengesetztes sein und in seine Bestandtheile zurückgehen, immer so lang, bis das Einfache gesetzt wäre. Die Zusammensetzung
ins Unendliche gehen lassen, heißt nur das Zusammengesetzte überhaupt nicht begründen, eine relative Position ohne eine absolute, ein Werden ohne Sein setzen, wie dies wohl in der willkürlichen Phantasie, aber nicht in der Realität stattfinden kann.

14) Das einfache Seiende ist seinem Begriffe nach das **Ungetheilte** und **Untheilbare**, das **absolute Individuum**. Wir nennen es als solches die **Monade** oder das **absolute Atom**, man könnte es das zu Grunde liegende **Selbst** oder **Ich** oder Seele des Erscheinens, das substanzielle und wirkende Centrum der Bewegung und **Form** nennen. Für die reale Anschauung ist es die seiende **Grenze** der Anschauung, der **reale Punkt** des Bestehens und Wirkens.

Anmerkung. In der Philosophie des **Spinoza** tritt, wie in der gewöhnlichen verschwimmenden, Allen geläufigen Vorstellung der Phantasie, das Eine mit sich identische Wesen, die Substanz, das unendliche Eins, selbst als continuirliche Vielheit auf, insofern dasselbe die unendliche **Ausdehnung ist**, und alle besonderen körperlichen Formen als **Begrenzungen** durch **Negationen** in dem Einen gefaßt werden, ohne daß das Eins dadurch **zerfällt**. Es bleibt vielmehr die absolute Continuität durch alle Formen hin. Die Vorstellung einer ursprünglichen **ungegliederten Urmaterie**, aus welcher die Atome, Moleküle u. s. w. durch Gliederung **erzeugt** werden sollen., enthält dieselbe Idee. Die Analyse dieser Idee im Denken zeigt, daß sie innere oder logische **Widersprüche** enthält. Denn in derselben wird das **Eine** Sein oder Selbst schlechthin **neben** sich selbst, **außer** sich selbst gesetzt (in der Ausdehnung), es ist das Identische als unendliches Fließen oder Sich=Selbst=Entfliehen. Und dann ist es das **Grenzenlose**, welches **sich selbst begrenzt**, die **Positivität**, welche **sich selbst negirt**, und doch hiermit in ihrer untheilbaren Identität mit sich bleibt, wodurch die Eine Ausdehnung in **Gliederung** übergeht, ohne sich zu theilen, so wie wir uns vorstellen, daß ein ungetheilter Raum sich in Figuren gliedere, welche trotzdem in ihren Grenzen ungetrennt bleiben, in einander fließen. Nachdem nun das Absolute in diese Formen gegliedert ist, kann man versuchen, die weitere Gestaltung des Universums aus der **Wechselwirkung dieser Glieder** (Atome, Moleküle, Körper) zu erklären.

Die beiden Hauptfragen, welche hierbei entstehen, sind nämlich die: Kann das Eine fortwährend zugleich außer oder neben sich selbst sein? und: Kann dieses als nebeneinander bestehende Eine sich selbst **gliedern**? Keine dieser Fragen wird von Spinoza auch nur aufgeworfen. Er sagt nur: Es ist so. Aber das Eine, wel=

ches als Ausdehnung fortwährend außer sich selbst ist, ist hiermit
schon zerlegt in eine Vielheit von Momenten, also nicht einfache
Identität mit sich, nicht die absolute Einheit des Wesens. Es ist
Vielheit des Seins oder Wesens, und diese Vielheit ist gefaßt
als Zusammen, als sich berührend und in einander
continuirend trotz ihrem Verharren als Auseinander. Es ist
ein Discretes, Unterschiedenes, welches irgend wie in
Synthese ist. Wäre es nicht ursprünglich eine Viel=
heit, eine Discretion von Seienden, so wäre es auch niemals theil=
bar und der Gliederung fähig. Es wäre eben nur Ein Sein und
damit ohne Ausdehnung, ohne Vielheit seiender, bestehender Theile,
deren jeder unbedingt in sich selbst steht und deshalb sich von
andern trennen und mit immer andern vereinigen kann.
Wie man auch die Sache hin und her wenden mag, immerhin muß
zuletzt, wenn die Analyse vollständig durchdringt, alles ausgedehnte
Wesen sich auflösen in untheilbare, selbstständige, absolute In=
dividuen des Seins und Wirkens, welche in einander grei=
fen, oder schärfer ausgedrückt, welche in gegenseitigem Reflex
sind, ir einander scheinen und damit in sich
selbst scheinen. (s. unten.) Denn die Theilbarkeit ins Unend=
liche, in der Phantasie, führt gänzlich zu Nichts, ist nichts
Anderes als die stete Wiederholung des Theilens, welche zu keinem
Ende, keinem Halt kommt. In der denkenden Analyse wird
das zusammengesetzte Wesen mit Einem Schlage in seine absoluten
Elemente aufgelöst, und diese können nur die einfach, untheil=
bar Seienden sein, schlechthin an und für sich bestimmt, die allein
mögliche Grundlage der Erscheinungswelt, unanschaubar, die Seelen
gleichsam aller Materie und alles Geistes.

Und weil das Absolute das Füreinandersein in dieser
ewigen Positiven ist (s. d. ff. §. §.), so ist die Negation, die Be=
grenzung und die Gliederung ewig in dem Ganzen mitge=
setzt, und das Universum ist nur die ewige Relativität
und deren Wechsel. In das sich schon selbst widersprechende ausge=
dehnte Eine des Spinoza kann kein Princip der Negation und
Gliederung gesetzt werden, ohne dasselbe von Neuem in Widerspruch
mit sich selbst zu bringen, seine unendliche Identität mit sich zu zer=
stören. Es muß ein Leben, ein Trieb der Gliederung in dasselbe
gesetzt werden, ohne daß in dem Wesen, wie es vorausge=
setzt ist, ein solches Leben liegen kann; wie denn überhaupt

eine Kraft, ein Trieb, ein Leben ohne die Reflexion S e i e n d e r in einander, ihre Störung und Selbsterhaltung durch und gegenein= ander undenkbar ist. D a s g a n z e U n i v e r s u m k a n n n u r a l s e i n e R e f l e x i o n, S t r a h l u n g u n d B r e c h u n g d e r U r p u n k t e d e s B e s t e h e n s g e g e n c i n a n d e r g e d a c h t w e r d e n, n u r a l s e i n S p i e l d e r e i n = f a c h e n S e l b s t e m i t e i n a n d e r. Daß hier eine a l l = g e m e i n e C e n t r a l i t ä t aller Seienden zugleich voraus= gesetzt werden muß, wird aus den nächsten §.§. erhellen.

Schon der geniale Denker L e i b n i tz setzte dem S p i n o z a seine M o n a d e n l e h r e entgegen, wie einst die Atomisten dem unbestimmten, grenzenlosen Allgemeinen der Jonischen Schule entgegengetreten waren, und wie später H e r b a r t die Jdee von S c h e l l i n g und H e g e l durch seine Lehre von den ein= fachen Realen bekämpfte. Aber Leibnitz verfiel wieder dem Princip Spinoza's, indem er die Monaden durch die E f f u l g u r a t i o n der U r m o n a d e e r z e u g t werden ließ, und ein sog. s u b = s t a n z i e l l e s B a n d der Monaden einführte; die Atomisten waren der sinnlichen Anschauung verfallen, gingen nicht fort zur letzten Analyse; Herbart z e r s c h l u g das Universum in uner= kennbare qualitative Eins und stellte es wieder her als eine P h a n = t a s m a g o r i e im Jch. Wir werden diesem Allen in dem Fol= genden die wahre Analyse entgegenstellen.

15) Eine bloße Vielheit aber von einfachen Wesen, n i c h t b e z o g e n a u f e i n a n d e r, also ohne eine i r g e n d w i e zu setzende E i n h e i t z w i s c h e n denselben würde eben so wenig etwas be= gründen, eben so wenig eine Welt der Erscheinung hervorbringen, als Ein identisches Wesen. Denn jedes bliebe unberührt, unge= troffen von anderem, also ohne Begrenzung, Negation und Selbster= haltung in seiner einfachen Selbstgleichheit, ein Wirken also, ein Geschehen, eine Reflexion und ein Wechsel in oder an dem Sein könnte nicht stattfinden, also auch nicht deren Erscheinung in dem Jch. Und die in der realen Erscheinung dem Jch aufgenöthigte Zusammenfas= sung und Wechsel in der Zusammenfassung objectiver Formen be= weist, daß die Seienden selbst und zwar wechselnd zusammengefaßt sind, sich aufeinander b e z i e h e n und ihre Beziehungen zu ein= ander v e r ä n d e r n.

16) Die Thatsache der erscheinenden Welt führt also in dem Denken nothwendig auf eine R e l a t i v i t ä t, d. h. auf eine und zwar

wechselnde Beziehung von ursprünglichen Eins des Seins und Wirkens auf einander, welche wir als Theile eines Ganzen gedacht die absoluten Momente desselben nennen können.

17) Und dieselben müssen als Theile eines Ganzen gedacht werden, d. h. die Einheit, das gegenseitige Sichgegenwärtigsein oder Füreinandersein, oder das Zusammen, mit welchem letzteren Ausdruck Herbart die Einheit bezeichnet, und die damit gesetzte Wechselbestimmung oder Wechselwirkung der Vielen kann nur als eine unbedingte, ursprüngliche wie das Viele selbst gedacht werden, nicht aber als eine zufällige und momentane, wechselnd mit einem absoluten Nichtzusammen. Denn das absolute Nichtzusammen würde entweder ein schlechthin gleichgültiges, indifferentes und regungsloses Miteinanderbestehen der Vielen voraussetzen, und hiermit von vornherein jedes Universum aufheben; oder es würde ein Getrenntsein, Außereinander, gleichgültiges Nebeneinanderbestehen der Vielen in beliebigen Entfernungen derselben voraussetzen, welche nicht durch die Urelemente selbst gesetzt oder erzeugt wären, da dieses Letztere ihre ursprüngliche Einheit oder Beziehung auf einander voraussetzen würde. Es würde also einen an und für sich bestehenden reinen oder leeren Raum, mithin eine Form des Außer- und Nebeneinander ohne Inhalt, eine Relation von Positionen ohne Positive, ohne Setzende, eine Ausdehnung ohne Wesen, also eine wesenlose Form voraussetzen, eine Kette von Nichtsen. Die Seienden wären also getrennt durch eine Kette des Nichts. Das Nichts aber, die Abwesenheit der Realität oder des Seins kann hiermit nicht sein, kann also weder trennen noch vereinigen, noch sich verketten. Ein solcher an und für sich bestehender Raum ist daher ein Unding. Der reale Raum kann daher nicht getrennt werden von dem Sein, sondern, insofern er eine Form an dem Sein ist, so hat sein Trennendes nur die Bedeutung oder ist das Resultat des Widerstands und der Abstoßung der Seienden, sein Einigendes nur die des Zusammenhanges und der Anziehung der Seienden, und alle Probleme fallen in diese selbst! Ein abstracter, reiner Raum könnte daher für den Geist nur die Möglichkeit bedeuten, daß Seiende im Füreinandersein sich widerstehen. Aber die absolute Wirklichkeit

ist die Voraussetzung aller realen Möglichkeit, daher auch des realen Raums.

Anmerkung. Der Begriff des Raums oder der Ausdehnung ist von jeher ein Kreuz der Philosophen gewesen. Schon die alten Atomisten unterschieden volle und leere Räume; die vollen sind die Atome, das Seiende, die leeren sind das Nicht-Seiende, ein seiendes Nichts. Dann hat man darüber gestritten, ob es überhaupt einen reinen leeren Raum gebe, oder nicht vielmehr das Universum ein totum plenum sei, wie Spinoza und Leibnitz annahm; ferner ob der Raum ein Wesen oder blos eine Eigenschaft sei, und was für eine Eigenschaft; endlich ob er etwas Objectives oder nur eine subjective Form des Anschauens sei, welches Letztere Kant und in anderem Sinne Herbart behaupten. Dazu kommen die inneren Schwierigkeiten im Begriffe des Raums, daß er nämlich ein Außereinander ist, welches dennoch überall in einander fließt.

Um in dieser Verwirrung zur Klarheit zu kommen, ist das zuerst Nothwendige, den Raum als ein bloßes abstractes Phantasiebild zu unterscheiden von dem objectiven, realen Raume. So wenig wie die abstracte Zeit, oder die Zahl oder die reine geometrische Figur, oder alle abstracten Begriffe überhaupt als solche irgendwo existiren außer in dem Anschauen und Gedanken des erkennenden Wesens, ebenso existirt der abstracte Raum nur in ihm. Er ist ein Gebilde der Phantasie, und das Wesen, an welchem er haftet, ist das Gehirn als die Substanz des anschauenden und denkenden Geistes, in welchem die Realität ideell, als Bild gesetzt wird in allen möglichen Formen der Abstraction, als ein Schein im Sein, welcher in dem allgemeinen Schein des Ich steht. Für die Phantasie ist der Raum nichts Anderes, als die Form des Außereinanderbestehens, des Nebeneinander, welches überall in einander übergeht, unaufhörlich die Grenze verneint, aber begrenzt werden kann. Hier ist daher, wie auch die Zeit, die Zahl, der Raum unendlich nach dem Großen und Kleinen hin, die stete Möglichkeit der Gestaltung, in welche daher alle möglichen, noch so weit gehenden Realitäten aufgenommen werden können.

Der reale, objective Raum hingegen ist wir-

tendes schlechthin in sich selbst begrenztes Wesen, Eins mit der concreten Realität, und so zwingt er dem
Phantasieraum sich auf, nöthigt ihn zum Bestimmen, zum
Begrenzen. Dieser Raum ist daher bestimmt durch die concrete Realität in ihrer Totalität, und in ihn schlechthin leere
Räume setzen ode. ihm einen schlechthin leeren Raum unterschie-
ben, heißt der Realität und dem Wirkenden die Abstraction der
Phantasie oder das Nichts substituiren. Denn der reale Raum muß
in allen seinen Momenten, wenn auch mehr oder weniger unterschie-
ten und deutlich, dem Subject erscheinen, also auf dasselbe
wirken. Wäre er irgendwo durch ein Nichts, einen schlechthin
wirkungslosen Raum geschieden, so würde dieses Nichts auch niemals erscheinen können, d. h. es wäre für das anschauende Subjekt
eben Nichts. Daraus folgt, daß aller reale Raum seinem Begriffe
nach in dem allgemeinsten Sinne dieses Worts erfülter Raum
ist, daß er schlechthin Eines ist mit dem Sein und Wirken,
daß also das Sein und Wirken durch sich selbst die Form
des Raums enthält, einschließt, producirt, daß also das Sein die
Einheit ist einer Vielheit von einfach
Seienden, welche außereinander bestehen und
untrennbar ineinander wirken und schei-
nen. Dieses reale Ineinander-Scheinen im Außereinander-Beste-
hen ist der reale Raum, schlechthin also die Relativität der
Seienden gegeneinander, eine Form am Wesen.
Daher ist jeder reale Raum nur denkbar als ein bestimmtes Moment
in der realen Totalität, daher immer nur Product einer räumlich-zeitlichen Entwickelung oder solchen Prozesses. Daher
ist z. B. der Raum des Sonnensystems nur als ein Glied in dem
Raum des Milchstraßensystems u. s. w. und nur als eine Folge der
Entwickelung aus der Nebelform, durch welche allein die
Entfernungen der Himmelskörper bestimmt wurden, und
die Nebelform ist selbst bestimmt durch das Monaden-System. Ebenso ist die Größe des Raums einer Stube nur gegeben in und mit
der Größe der Erde und ihrer Peripherie, sowie des Gestaltens
eines Theils derselben durch bestimmte Aneinanderreihung von
Stein- und Holzgrößen. Das Ganze des realen Raums ist eine
Spannung der Seienden und eine Relation des Enthaltenden
und des Enthaltenen, des Ganzen und der Theile. Nimmt man diese
Realität hinweg, so ist aller reale Raum verschwunden, und es bleibt

nur in der P h a n t a f i e und dem D e n k e n die Vorstellung und
der Gedanke des r e i n e n Raums d. h. der M ö g l i ch k e i t
zurück, daß Seiende in einer Einheit ein Hier und Dort bilden, ſich
widerſtehen und abſtoßen, und dadurch den realen Raum erzeugen
können. Dieſer Gedanke bedeutet nur, daß das vorausgeſetzte
Nichts das Sein nicht hindern könne ſich zu ſetzen und den
Raum zu entwickeln. Da aber das Sein aus dem Nichts nicht hervorgehen kann, ſo iſt das Sein und mit ihm ſein Scheinen, ſeine
Relativität, der Raum, e w i g , a b ſ o l u t e W i r k l i ch-
k e i t und der G r u n d aller r e a l e n M ö g l i ch k e i t.

18) Soviel ſteht daher feſt: es g i e b t keinen ſelbſtſtändigen reinen
leeren Raum (er iſt ein nur Ideelles, eine bloße Abſtraction der
Phantaſie), ſondern aller reale Raum iſt das P r o d u c t und
alſo e r f ü l l t von dem Sein und der Kraft. Die Realität der
Raumanſchauung ſetzt daher die Vielheit Seiender voraus, ſie iſt die
B e z i e h u n g S e i e n d e r , die von ihnen aus geſetzte N e-
g a t i o n oder U n t e r ſ ch e i d u n g , S o n d e r u n g
zwiſchen ihnen, wodurch ein S ch e i n in dem Sein entſteht, ein e
L i n i e zwiſchen den P u n k t e n , eine Entfernung verſchieden
nach der Intenſität der Repulſion und der Summe der Repellirenden,
eine Form der Aeußerlichkeit geſetzt durch die Selbſterhaltung der
Innerlichen, der Selbſte gegeneinander. Hiermit aber iſt die E i n-
h e i t , das Füreinanderſein der Seienden ſchlechthin als Bedingung des Sichſelbſterhaltens und Abſtoßens, Fliehens gegeneinander
vorausgeſetzt, ſo ewig vorausgeſetzt als der Raum gedacht iſt. Und
würde der Raum gedacht als vernichtet, ſo würden hiermit die Seienden gedacht als vernichtet oder als verſchwunden in Einem unan-
ſchaubaren Centrum, womit das Univerſum aufgehoben wäre. Es
iſt nur gegeben als der Widerſtand in der Einheit der Seienden d. h.
als ihr Raumverhältniß, als ihre Spannung. Und die B e w e-
g u n g und alſo die Z e i t iſt damit zugleich vorausgeſetzt, da der
reale Raum als ſondernde, entfernende Selbſterhaltung in der Einheit oder Centralität der Seienden ohne das Princip der Bewegung
und dadurch der Gliederung der Seienden zu einer Seinskette nicht
gedacht werden kann. Nur als P h a n t a ſ i e b i l d iſt Raum und
Zeit eine l e e r e F o r m , aber auch dieſe Form hat ihren Inhalt
an den O s c i l l a t i o n e n der Gehirnmonaden. So iſt
auch der objective Raum nur geſetzt als Product der Oscillationen
der Monaden und ihrer Concretionen, alſo mit Bewegung und Zeit.

19) Die Einheit der Monaten ist also eine ursprüngliche, da das, was sie trennen sollte, der Raum, nur das Product ihrer Selbster= haltung in dem Zusammen ist, und eine wesentliche, imma= nente, da die Monaden durch sich selbst oder von Innen her verkettet sind, weil außer ihnen Nichts ist. Diese Einheit kann also auch durch die Entfernungen, die Raumlinien, das Product der Selbst= erhaltungen und Repulsionen, nicht vernichtet, sondern nur modificirt oder bestimmt werden, verschiedene Re= lationen darstellen, in welchen immer die ursprüngliche Einheit mitgesetzt ist, weil sonst ein absolutes Moment des Seins oder der Seienden, die unbedingte Centralität oder das Fürein= andersein derselben, zu Nichts würde (gegen Nr. 7). Alle Linien zwischen den Seienden, kleiner oder größer, sind daher zugleich Ein= heitslinien, Verbindungslinien, und dieses verbundene Außer= einander, diese Continuität in der Discretion ist das Wesen des Raumes, wie der Bewegung und Zeit als des Nach= einander in dem Nebeneinander. Das Universum ist nur deshalb der allgemeine, allumfassende Raum, weil dasselbe ewig die Spannung der Monadenkette und ihrer concreten Glieder ist, und die Spannung ist die Durchdringung der centrifugalen und centripetalen Bewegungskraft.

20) Das Universum ist daher schlechthin ein Ganzes, ein wenn auch in seinen Gliedern verschiebbarer, doch nie schlechthin trenn= barer organischer Mechanismus d. h. eine Selbstzu= sammenfassung in dem Selbstwiderstande der Monaden. Aller äußere Mechanismus ist nur eine secundäre Erscheinung an dem immanen= ten Mechanismus des Ganzen. Es ist so, um ein Sinnbild der Phantasie zu gebrauchen, als wenn die vielen Seienden in Einem Centrum des Seins aus sich selbst entsprungen wären, und dies Centrum durch den Widerstand und die Repulsion der Sei= enden gegen einander sich zu der universalen Einheit als einem im= materiellen Aether, durch welchen hin Alles zusammengeht, ausge= breitet hätte. So bleiben alle, obwohl sich ausschließend doch ursprünglich mit einander behaftet und gehen durch das Außereinander hin zusammen. So stellt das Universum dar die absolute Vielheit der Wesen, der einfachen Indi= viduen, in der absoluten, immanenten Einheit der Form, die unbedingte Monadenkette, oder die absolute synthetische Einheit.

21) Diesen Begriff der unbedingten Monadenverkettung haben wir nun in der denkenden Anschauung klar zu machen und seine scheinbaren Widersprüche zu lösen. Hiernach sind alle Seienden in ursprünglicher Einheit und also sich gegenwärtig, unmittelbar und mittelbar, sie präsentiren sich an= und ineinander und stehen hiermit in Wechselbestimmung oder Wechselwirkung. Einheit überhaupt ist der Gegensatz zur Vielheit, Zweiheit, Trennung, Theilung, Sonderung. Das einfache Wesen, die Monade, ist Einheit schlechthin, untheilbar. Was aber ist und bedeutet die Einheit als Grund der Wechselwirkung der Monaden? Und wie können einfache Eins, untheilbare Punkte in Spannungsti ien, resp. Spannungssphären der Wechselwirkung mit einander erscheinen?

22) Jene Einheit bedeutet also nicht ein Verschwinden der Vielen als Seiten oder Momente in der Identität, also nicht Ein Wesen, Eine Substanz, eine Urmonade, einen positiven identischen Urgrund, sondern ihr gegenseitiges Sichgegenwärtigsein, mithin ihr Zusammen, ihre innerlich=äußerliche Synthese, ihre wirksame Berührung d. h. eine Durchdringung, ein Ineinandersein, welches zugleich noch Selbstsein, Gegeneinander=Bestehen der Eins ist. Wir können dieses so ausdrücken: Sie sind nicht ineinander, sondern sie scheinen ineinander, weil sie alle sich unmittelbar und mittelbar berühren, sich gegenwärtig sind und an und in einander setzen, sich afficiren. Alle Monaden oder Urelemente sind mithin in ihrem Fürsichsein füreinander, in die andern scheinende Selbste, und insofern die anderen in sie und in ihnen scheinen, und dieses Scheinen in ihrem Selbst sich reflectirt, sind sie in sich selbst scheinend, Erregungen und Triebe oder Kräfte, Bestimmungen der Innerlichkeit durch die sich darin brechende Außerlichkeit oder Gegenwart eines Andern. Das Universum ist daher durchweg ein Innerlich=Aeußerliches, in jedem Punkte seines Seins, ein Ideal=Reales, ein nach Innen und Außen scheinendes Selbst, ein Geistig=Materielles, ein Stoff, ein Wesen, welches Kraft und Form ist in diesem allgemeinen Sinne daher ein Lebendiges. Es stellt daher nichts Anderes dar als die verschiedenen Formen und Stufen des Lebens, so daß die Gegensätze von Unorganischem und Organischem, Leblosem und Lebendigem, Natürlichem und Geistigem nur relativ sind, nicht

Gegensätze des Wesens. Es ist undenkbar, daß ein Seiendes in seinem Zusammentreffen mit Anderem und seiner Affection durch dasselbe nicht zugleich Es selbst, für sich selbst sei, nicht eine Selbst= erhaltung in der Störung, d. h. ein Leben, eine Kraft, ein Dynami= sches, eine reagirende Erregung, eine differenzirte Identität mit sich.

23) Nun sind aber die Monaden einfache, untheilbare Wesen, und also für die reale Empfindung und Anschauung P u n k t e des Seins und Wirkens, G r e n z e n dieser Empfindung und Anschauung. (No. 14.) Die Berührung nun von realen Punkten würde ihr völ= liges Ineinander oder Durchdringung, das Verschwinden der Vielen in Einem sein, die in Empfindung und Anschauung nicht mehr mög= liche Unterscheidung oder Sonderung derselben. Es wäre ihre Auf= hebung zu Einem Punkte ohne Außereinander, nur Ein Seiendes. Diese Aufhebung ist aber nicht möglich, da zwei oder mehrere s c h l e c h t h i n S e i e n d e v o r a u s g e s e t z t sind, deren Vernichtung oder Auflösung durch und in einander oder Verschwin= den in Ein einfach Seiendes ein logischer Widerspruch sein würde, wie umgekehrt die Theilung eines Einfachen in zwei oder mehrere ein solcher sein würde (No. 7). Relationen, Scheine, Phantasiewesen u. s. w. mögen wohl als sich in Einem Punkte durchdringend gesetzt werden, aber nicht selbstständige Wesen, Seiende, deren Begriff dies ist, als Selbst zu bestehen gegen andere Selbste, wider dieselben zu bestehen. Wenn daher eine Einheit zweier oder mehrerer Selbstitän= digen gedacht werden soll, so müssen sie in derselben immer noch b e = s t e h e n und u n t e r s c h e i d b a r sein, d. h. sie müssen zwei oder mehrere mit einander v e r k e t t e t e reale Punkte, also L i n i e n und weiter F l ä c h e n und K ö r p e r des Seins, folglich ein räumliches Wesen darstellen, eine continuirliche Discre= tion, eine synthetische Einheit, eine i n t e n s i v = e x t e n s i v e Größe. Aber wäre dies nicht der erwähnte Widerspruch s i c h b e = r ü h r e n d e r P u n k t e?

24) Es ist klar, daß wir mit dem blos abstrakten und formellen Begriffe der Monaden oder einfachen, untheilbaren Wesen als P u n k t e ihre V e r k e t t u n g , welche ein Z u s a m m e n h a l t e n im A u ß e r e i n a n d e r h a l t e n ist, nicht erreichen können. Indem wir ihre unmittelbare Berührung, d. h. ihr Nichtgetrennt= sein durch Zwischenschieben anderer Monaden oder Punkte setzen, müssen sie als kleinste, elementare, lineare Strahlungen oder Scheine und in ihnen als K r ä f t e gegen einander erscheinen, d. h. a u s =

einanderstrahlen, sich abstoßen, um sich als un=
terschieden gegen einander zu erhalten, und wieder in Eins
strahlen, sich anziehen, um ihre ursprüngliche Einheit
oder Centralität zu behaupten. Sie müssen also eine elementare
Linie der Bewegung mit einander bilden, in welcher sie elastisch
oscilliren, und nur dieses kann ihre Berührung sein.
Damit muß aber ein Punkt des Gleichgewichts beider
Triebe in der Linie gegeben sein, ein Spannungspunkt
zwischen ihnen. So zwischen zweien und zwischen vielen. Wir
müssen also die Urelemente fassen als End= und Mittelpunkte, als
Centra von kleinsten dynamischen Strahlen,
welche sich contrahiren und expandiren können,
wodurch die Centra sich wechselnd nähern und entfernen,
oscilliren, und in dem Gleichgewichtspunkte zur Spannung der
Ruhe kommen können. Der Raum ist nichts Anderes als diese
Spannung der Monaden gegen einander, die Totalität der Centren
und der aus ihnen zusammengesetzten Körper in ihren Spannungs=
linien, und die Bewegung und damit die Zeit ist die Ver=
änderung in dem Raume oder in der Stellung der Monaden,
in ihrer Spannung gegeneinander. Wie die Monade in der formel=
len Abstraction des Ich zum Punkt wird, so der reale Raum und die
reale Zeit zu der mathematischen Form als der Beziehung
der unterschiedenen Eins, der Punkte zu einander.

25) So sind die Monaden Centra bestimmter, begrenzter, kleinster,
elementarer Wirkungs=Atmosphären oder Schei=
ne, welche in sich untheilbar und von den Centren untrennbar und
gegenseitig durchdringbar sind. Sie sind hiermit die realen
Differenziale und Integrale des Universums. Befinden
sich die Centra durch diese Sphären oder Linien derselben zu=
sammen, so sind die Monaden in unmittelbarer Be=
rührung und Spannung. Sind dritte zwischen sie gesetzt,
so sind sie in mittelbarer Berührung und Spannung. Ver=
möge der ursprünglichen Einheit oder Centralität sind aber alle zu=
gleich verbunden durch den allgemeinen Schein des Seins,
gleichsam den immateriellen Aether des allgemeinen
formellen Centrums, und alle Lücken durch Trennungen der Monaten
schließen sich unmittelbar durch das Zusammengehen anderer, so daß
das Universum das unendliche elastische Ganze dar=
stellt, welches immer erfüllt ist. Es ist eine Totalität des

Positiven, in welchem jede Negation als Begrenzung des Seins durch das Sein gesetzt ist, das Sein aber überall als Negation der Negationen sich affirmirt, sich bejaht. In diese Begriffe löst sich der Atomismus mit seinen Kräften und seinem leeren Raume in der letzten Analyse auf, und führt so nothwendig zum atomistischen Dynamismus und Totalismus, zu der Monaden-kette, der synthetischen Einheit, zu der Wechselwirkung lebendiger Eins in der allgemeinen Einheit.

26) Es ergiebt sich hiernach folgender Begriff des Universums: Das Universum ist das absolute, in sich selbst ruhende, Ganze. Es ist also die Position einer unbedingten allgemeinen for-mellen Einheit oder Centralität in einer ebenso un-bedingten Vielheit von Positiven, den monadischen Eins. Diese Eins oder Urelemente sind die einzelne Centra, welche durch kleinste Wirkungsphären oder Scheine, Strahlungen un-mittelbar mit einander und mittelbar mit allen, und durch den allgemeinen Schein unmittelbar mit dem Ganzen verbunden sind. Die allgemeine Einheit oder Centralität ist angeschaut als die Continuität des realen Raums, dessen Existenz nur als die Discretion der gegen einander be-stehenden Centrosphären gefaßt werden kann, durch Strahlungen zwischen den Urelementen mit einem Gleichge-wichtspunkte ihrer elastischen Bewegungen gegeneinander. Das Universum ist daher eine ewige Spannung der Sei-enden, der Selbste als der Momente einer durch Alles hinge-henden Centralität. Die ewige Störung und Wieder-herstellung des Gleichgewichts (s. unten) ist die Bewegung, die Zeit im Raum.

In dieser ewigen in sich bewegten Monaden-kette ist nun nothwendig und von einander untrennbar eine äußere und eine innere Seite, die Störung und Herstel-lung des Gleichgewichts als äußere Form und als In-nerlichkeit des Wesens. Da aber beide in dem Wesen ruhen, so erscheinen sie als Reflexe der Wesen durch ihre Brechungen an einander, hiermit als äußere und innere Kräfte, Spannungen, Bewegungstriebe und Selbsterregungen, durch Negationen vermittelte Positive, durch Störungen vermittelte Selbsterhaltungen im Ganzen. Die Kräfte als gerichtet nach Außen sind die mechanischen Kräfte, und so betrachtet ist das Uni-

verfum der t o t a l e M e ch a n i s m u s, unter welchen a l l e
E r f ch e i n u n g e n , z. B. auch das Licht, die Electricität, die
chemischen und organische Prozesse fallen, welche alle nur besondere
Formen des Mechanismus sind. Die Kräfte als gerichtet nach Innen
sind die S e l b st e r r e g u n g e n der centralen Wesen, die
Selbsterscheinungen, die E m p f i n d u n g s = (Perceptions=) und
W i l l e n s = D i f f e r e n t i a l e oder elementaren Urkräfte,
welche sich in dem Thier und Menschen zu einem selbstständigen un=
ausgelösten potenzirten Centrum im Nervensystem und Gehirn er=
heben, und daher nur hier durch die von diesem Centrum ausge=
henden Erscheinungen e r k a n n t werden, in der übrigen Natur
nicht besonders erscheinen, sondern in dem Bewegungs=Mechanismus
sich immer auslösen. Da aber die Selbsterregung untrennbar ist von
der Beziehung nach Außen, so steht der Geist in steter Einheit mit
dem Mechanismus, und letzterer in ihm reflectirt begründet den
i n n e r e n   g e i st i g e n   M e ch a n i s m u s. So ist das
Universum durchweg Geist=Natur, Innerlich=Aeußerliches, Ideal=
Reales, und das äußere und innere Universum sind die beiden Sei=
ten des Einen Ganzen.

A n m e r k u n g. Wir müssen zugestehen, daß die Auffassung
der elementaren Eins oder Wesen als C e n t r o s p h ä r e n ein
Bild oder ein Sinnbild ist, aber das einzige, welches uns den
Uebergang derselben in die s i n n l i ch e   A n s ch a u u n g ver=
möge ihrer Berührung oder ihres Füreinanderseins und ihrer damit
gesetzten Reflexion gegen einander vermittelt. Die b e g r i f f =
l i ch e Analyse führt uns nothwendig zu u n t h e i l b a r e n
e i n h e i t l i ch e n Wesen und deren W e ch s e l b e st i m m u n g
in einer a l l g e m e i n e n Centralität. Sinnlich angeschaut
kann dieser Begriff nur werden, wenn wir reale Punkte, Einheiten
des Seins und Wirkens, als absolute Selbstbestände voraussetzen,
und diese Punkte in wechselwirkender Berührung als ein Zusammen=
und Auseinanderstrahlen auffassen, womit sich dann ein r e l a t i v
l e e r e r Zwischenraum und damit der Raum überhaupt entwickelt
als die Intensität der U n t e r s ch e i d u n g 'der Wesen gegen ein=
ander, welcher die Extensität des Raums entspricht. Damit bleibt
aber der Raum ein S ch e i n an und in dem S e i n , eine Wir=
kungsathmosphäre, welche von den Centris untrennbar und untheil=
bar ist. In der Berührung der Seienden erscheinen dieselben daher
als Centra eines Scheines, einer von ihnen g e s e t z t e n und e r =

füllten Außerlichkeit, d. h. sie halten sich außer=
einander, discret, in der Centralität. Die Totalität der Mo=
naden giebt dann den allgemeinen Schein oder Raum des Universums,
eine immanente Kette des Ineinander=Scheinens und die Möglich=
keit der Bewegung der Monaden durcheinander und neuen Anordnung
durch den Schein oder Raum hin. So findet denn auch der Natur=
forscher immer mehr, daß er ohne Voraussetzung der
Atome und Molecüle und ihrer Attractionen und Repul=
sionen die Erscheinungen der Natur nicht erklären kann. Man
vergl. darüber Fechner's Atomenlehre.

Was nun der Naturforscher Materie oder Stoff
nennt, ist der Gedanke des den Natur=Erscheinungen unterliegenden
Seins oder Substanz überhaupt, welches in Wahrheit die
Monaden sind. Alle sinnlich anschauliche Materie ist
schon eine Form der Monaden = Synthese, daher ein Körper
überhaupt, welcher stets den Raum in sich schließt. Und
insofern wird die sinnlich wahrnehmbare Materie als das den Raum
Erfüllende und selbst als ein Ausgedehntes defi=
nirt, wobei der Raum als abstractes Phantasiebild vorausge=
setzt ist, und nun in die Schwierigkeiten der unendlichen Theilbar=
keit u. s. w. verwickelt. Was der Naturforscher Kraft nennt,
haftet an der Materie als eine Eigenschaft derselben, von
ihr untrennbar, und ist in Wahrheit die Reflexion
der Monaden und darin liegende Spannung derselben als eine
durch Negation vermittelte Position derselben, die Selbsterhaltung
in der Centralität und die Centralität in der Selbsterhaltung. Und da
die Reflexion der Monaden den Raum erzeugt, so ist die Kraft nur in
der Raumvermittlung. Auch die geistige Kraft ist davon nicht ausge=
nommen, und der consequente Naturforscher betrachtet auch sie als
Eigenschaft der Materie in bestimmter Synthese, also als eine Er=
scheinung in der Körperlichkeit als Gehirnkraft u. s. w. Und die
Bewegung ist die Erscheinung des vorhandenen Wider=
spruchs in der Synthese, daß die letztere dem Gleichge=
wichte aller Momente nicht entspricht, daher ein Ge=
gensatz zwischen dem Sein und dem Sollen vorhanden ist,
dessen Auflösung die Bewegung ist. Das Gesetz über=
haupt ist die in der Synthese liegende Nothwendigkeit oder Be=
stimmtheit der Form, der Kraft und Bewegung. Raum, Zeit,
Bewegung abstract genommen sind Isolirungen de

Form von dem Wesen, an welchem sie haften, in der menschlichen Phantasie, und das Wesen in den rein mathematischen Constructionen ist das anschauende Gehirnleben, dessen allgemeines Gesetz und Form dieselben sind mit denen der gegenüberstehenden Objectivität des Seins, nur diese in der Form der Sichselbsterscheinung, der Idealität und Subjectivität reproduciren, daher die Objectivität fortwährend und realiter in Subjectivität oder Idee übergeht oder sich übersetzt durch Aufnahme der materiellen Elemente in die Substanz des Nervensystems, und umgekehrt die Subjectivität sich übersetzt in Objectivität durch künstlerische Thätigkeit von der Idee aus. Hieraus ergiebt sich denn auch die Einheit des Apriorischen und Aposteriorischen in dem Erkennen, der Vernunft und der Erfahrung, der Metaphysik oder Philosophie und Mathematik und der Naturwissenschaft. Denn die Allgemeinheit und Nothwendigkeit ist innen wie außen, in dem Ich, wie in der Objectivität, dieselbe. Daher das nothwendige Scheitern aller Versuche, wie eines Comte oder Mill oder der deutschen Sensualisten, die mathematische und logische Nothwendigkeit auf eine bloße Induction der Erfahrung zu reduciren. Sie ist das Wesen, welches in seinem Erscheinen sich selbst weiß und damit sein ewiges Gesetz erfaßt.

27) Es ist auch eine ursprüngliche verschiedene resp. entgegengesetzte Qualität der Monaden undenkbar; denn sie sind die untheilbaren Eins des Seins und Geschehens, die einfachen Subjecte; und kein qualitativer (noch auch quantitativer) Gegensatz kann anders vorgestellt und gedacht werden denn als Gegensatz der Relativität. So können auch die Gegensätze der Empfindungen (auf deren Einfachheit sich Herbart immer beruft), z. B. die Qualitäten der Töne in Wahrheit und realiter nur gedacht werden als Verschiedenheiten resp. Gegensätze von Schwingungen der Luft u. s. w. aufgenommen in Nervenschwingungen, also als Verschiedenheiten der Bewegung in der Synthese. Ebenso Farben, Gerüche u. s. w. Ein plus und minus, ein Vorherschen des einen oder des anderen Momentes in Relationen derselben Grundlagen begründet erfahrungs- und vernunftmäßig alle Gegensätze des Empfindens und der Anschauung, objectiv und subjectiv.

Gegensätze zwischen den Monaden setzen hieße die Monaden z e r = l e g e n und jede verschiedenartig aus den Momenten der Zerlegung zusammensetzen. Aber die Monade ist einfach, unzerlegbar, und die Differenzen können daher nur in die Relationen der Monaden fallen, in welchen sich dieselben allein in gewissem Sinne zerlegen können, z. B. indem ihre Anziehung im Quadrate der Entfernung abnimmt, oder ein Sauerstoffatom (schon ein Monadencomplex) eine andere Be= deutung hat, jenachdem es Moment des Wassers oder des Gehirn= lebens ist, wie z. B. derselbe geometrische Punkt, überall identisch, eine andere Bedeutung hat, als Winkelpunkt oder als Mittelpunkt eines Kreises u.s.w. In diesen R e l a t i o n e n zerlegt sich auch die ursprüngliche Monade in Centrum und Peripherie, in Pole u. s. w., ohne je aus ihrer u n t h e i l b a r e n E i n h e i t herauszu= treten.

28) Hiermit haben wir nun die a l l g e m e i n e A n a l y s e des Uni= versums vollendet. Dieselbe hat uns ergeben als die ewigen nicht weiter deducirbaren oder analysirbaren Principien des Universums :

A) Eine V i e l h e i t von einfachen, untheilbaren, gegen ein= ander u n d u r c h d r i n g l i c h e n U r e l e m e n t e n, W e = s e n oder Selbsten, d. h. Uratomen oder M o n a d e n, r e a l e n C e n t r e n ;

B) Eine a l l g e m e i n e w e s e n t l i c h e Form der E i n = h e i t aller Monaden so daß sie als die K n o t e n p u n k t e oder als die Reflexionspunkte eines d y n a m i s c h e n C e n = t r u m s erscheinen, welches wir als das in dem Außereinander der Monaden a l l g e g e n w ä r t i g e M e d i u m der V e r = b i n d u n g den i m m a t e r i e l l e n A e t h e r nennen mögen, in welchem sich alle individuellen Wesen an und in einander präsentiren ;

C) Als die Einheit oder Durchdringung beider Momente die K e t t e und W e c h s e l w i r k u n g der M o n a d e n, so daß diese letzteren :

a) Sich a u ß e r e i n a n d e r halten, w i d e r s t e h e n und abstoßen als begrenzte d y n a m i s c h e Sphären ; sich i n e i n a n d e r setzen, repräsentiren und anzie= hen als begrenzte Momente der unendlichen Einheit; als das Zusammenwirken beider Momente sich elastisch a b = stoßen und anziehen, gegen einander o s c i l = l i r e n und in sich selbst und um einander rotiren, resp.

in bestimmten Gleichgewichtspunkten in S p a n n u n g gegen einander bleiben;

b) In aller Beziehung nach Außen ein J n n e r l i ch e s bleiben, welches die Aeußerlichkeit in sich reflectirt, d. h. E m p f i n d u n g (Perception) von Außen nach Innen. T r i e b von Innen nach Außen, also überhaupt s e l b s t i s ch e K r a f t, dynamisches Wesen ist;

c) Endlich durch das dynamische Centrum auch eine C o n = t i n u i t ä t in den Empfindungen und Trieben bil= den, diese Continuität sich aber mit der E p e c i f i = c a t i o n der Synthese selbst specificirt und b e g r e n z t, wie in den einzelnen thierischen Individuen erkennbar ist.

29) Der absolute Begriff des Universums ist also die ursprüngliche im= manente Synthesis der Seienden oder die unbedingte Monadenkette. Alle logischen Widersprüche, welche darin liegen, d a s V i e l e a u s d e m E i n e n, oder d a s E i n e a u s d e m V i e l e n zu entwickeln, oder d a s E i n e u n d d a s V i e l e als besondere Wesen z u s a m m e n z u s e z e n, sind in diesem Begriffe aufgelöst. Die Einheit ist weder bedingt oder erzeugt obwohl vermittelt durch das Viele, noch das Viele durch die Einheit, noch die vielen Eins durch einander, obwohl alle Momente vermittelt durch die andern. Also die unbedingte Vielheit der Wesen ist gesetzt in der unbedingten Einheit der Form, mit= und inein= ander. Deshalb scheinen alle Seienden in einander und in sich, deshalb ist das Geschehen und Werden ewig wie das Sein. Und das Allgemeine hat deshalb und insoweit Realität, weit und insoweit das Absolute synthetische Einheit ist.

30) Indem nun in diesem absoluten Begriffe alle logischen Widersprüche verschwinden, welche in dem Sezen des Einen durch das Viele und umgekehrt, oder in dem Sezen der Vielen durch einander liegen: so entsteht noch die Frage, ob in dem Sezen der absoluten, u r s p r ü n g = l i ch e n S y n t h e s i s d e r W e s e n, oder (subjectiv ge= faßt) in d e r e i n h e i t l i ch e n P o s i t i o n v i e l e r P o = s i t i o n e n ein solcher logischer Widerspruch liege, d. h. ob darin eine B e s t i m m t h e i t a l s S e l b s t n e g a t i o n gesezt sei. Nun ist es kein l o g i s ch e r W i d e r s p r u ch:

a) Eine ursprüngliche Vielheit von Seienden sezen; denn damit wird jedes Seiende nur ponirt, nicht negirt;

b) Jedes Seiende mit sich identisch, einfach und untheilbar sezen, ohne Zusammensetzung; denn damit ist es als schlechthin sich selbst gleich gesetzt, jeder Selbstnegation entzogen;

c) Alle Seienden als identisch im Wesen setzen; denn hiermit sind sie nur miteinander v e r g l i c h e n , nicht als das eine und selbige Individuum gesetzt;

d) Diese Seienden ursprünglich für einander, in der Durchdrin=gung setzen; denn das ist nur eine S y n t h e s e , in welcher die Seienden a l s d a s w a s s i e s i n d zu=sammen gefaßt sind. Daß aber dieses Zusammen, diese Einheit, einen S c h e i n und eine K r a f t z w i s c h e n ihnen darstellt oder entwickelt, ist unvermeidlich, weil sonst das Zusammen identisch wäre mit dem Nichtzusammen, also sich selbst widerspräche. Das Seiende f ü r und g e g e n e i n a n d e r b e s t e h e n ist verschieden davon, daß sie nur f ü r s i c h bestehen; und das Universum ist nur die Darstel=lung des für und gegen einander Bestehens der Wesen. Und dieses für= und gegeneinander Bestehen, im Gedanken erfaßt, giebt nothwendig den Raum, die Zeit, die Bewegung, die Materie, die Kraft, das Gesetz, den ganzen realen Schein in dem Sein. Daß Monaden s i c h g e g e n s e i t i g g e g e n w ä r t i g sein können und doch dabei s i e s e l b s t bleiben, also in einander scheinen, enthält an sich keinen Wi=derspruch; und daß sie es sein m ü s s e n , das erfordert die Erklärung der erscheinenden Welt in der Vernunft, dem ana=lysirenden Denken. Daraus folgt, daß die Monaden ur=sprünglich als mit einander behaftete, daher als i n = und g e g e n e i n a n d e r s t r a h l e n d e a n z i e h e n d e u n d a b s t o ß e n d e P u n k t e , nicht als bloße Punkte zu denken sind, daß sie verbundene C e n t r o s p h ä r e n sind; und hiermit ist Attraction und Repulsion, Bewegung und Gleichgewicht und Spannung nothwendig gesetzt. Die Seienden sind Scheinende und Kräfte. Sie sind dies nur als f ü r e i n a n d e r seiend; und ihr Begriff, der ihrer Identität mit sich, kann nur festgehalten werden in der Synthese, wenn sie als Centra von Wirkungslinien, also als sich d y n a m i s c h u n t e r s c h e i d e n d in ihr F ü r = s i c h s e i n und ihr S e i n f ü r a n d e r e gefaßt werden, so daß beides untrennbar, untheilbar, und das Cen=trum m i t seinem Scheine untheilbar sei, daher keine ma=

terielle, zusammengesetzte Form, sondern eine immaterielle, dynamische Form. Und eine solche können wir nicht a n =
s ch a u e n , sondern nur d e n k e n und die Anschauung als ihr P r o d u k t fassen. So können wir Ich, Kraft,
Trieb nur denken. Es ist aber klar, daß ohne diesen e r =
g ä n z e n d e n idealen Hintergrund aller Körperlichkeit und alles Empfindens beide unmöglich sind, ebenso Raum,
Zeit und Bewegung, welches Alles ohne jene Voraussetzung ein unauflöslicher Widerspruch bleibt.

Wenn wir also auch zugeben müssen, daß gewissermaßen ein r e a =
l e r W i d e r s p r u ch , d. h. eine Verbindung und ein Inein=
anderscheinen von Wesen, eine synthetische Einheit dem Universum zu Grunde liegt, so wird diese synthetische Einheit doch nicht von dem
l o g i s ch e n Widerspruche getroffen, sondern löst denselben. Und keine Analyse kann uns über diese ursprüngliche Synthesis des
Seins h i n a u s f ü h r e n , z. B. zu einem Gott als Schöpfer des Universums, zu ursprünglich getrennten Atomen, oder Herbart's=
schen Realen, zu einem Spinozistischen Unendlichen, einer Leibniz'= schen Urmonade, einer Hegel'schen absoluten Idee, einer Hartmann'=
schen potentiellen Ursubstanz mit den Attributen der Idee und des Willens, o h n e d e m l o g i s ch e n W i d e r s p r u ch e u n =
r e t t b a r z u v e r f a l l e n , sobald das Universum aus die= sen letzten Principien erklärt werden soll.

31) In diesem Begriffe der ursprünglichen Synthesis der Seienden muß sich erfüllen, was H e r b a r t , Metaphysik, II, S. 127 sagt:
„Freilich ist hier ein Punkt, wo wir den Leser nicht überreden wollen, wo er selbst sich überzeugen muß. Glaubt er, Ton und Farbe, Ver=
stand und Wille, Ausdehnung und Denken, so zusammensetzen zu können, wie man aus zwei Seitenkräften eine mittlere gleichgeltende
nach der Diagonale zusammensetzt; meint er wirklich in jenen Fällen, sowie in dieser, die Resultante angeben zu können; — wel=
ches unseres Wissens noch niemals Einer versucht hat, weil noch niemals die Frage aufgeworfen war: dann sind wir fertig mit un=
serem Vortrage, und haben weiter nichts zu sagen."

Bedenkt man nun, daß objectiv aufgefaßt Ton und Farbe die gleichmäße Resultante sind von wellenförmigen elastischen Schwin=
gungen, daß Verstand und Wille nichts Anderes sind als die Inner= lichkeit der Nervenschwingungen in ihrer entgegengesetzten centraperi=
pherischen Bewegung, daß Ausdehnung und Denken das Scheinen in

Anderes und das dadurch vermittelte Insichscheinen d e r s e l b e n
Monaden ist, und daß demnach a l l e diese Qualitäten in der
That nur die besonderen S e i t e n der Synthese im Wesen identischer
Monaden sind: so läßt sich leicht voraussehen, daß jene Idee H e r -
b a r t's realisirt werden wird. Das ganze Universum mit allen
seinen Erscheinungen ist nur die durchweg differenzirte Diagonale so
zu sagen der Monaden-Synthese, des ewigen Monadenspiels. Alle
Qualitäten und Quantitäten sind nur die Relationen der Monaden,
letztere des Wievielmal - Setzens, erstere der specifischen Form des
Setzens; und es giebt keine Qualitäten, welche nicht Formen der
Quantität, und keine Quantitäten, welche nicht Vielfache in der specifischen Form, in der Qualität wären. Und die reale Welt der
Seienden i st in einer Form die ideale Welt der Vorstellungen, und
Raum, Zeit und Bewegung sind absolute Formen und deshalb ebenso
Innen wie Außen. Während die Lehre H e r b a r t's (des übri-
gens unsterblichen Denkers, durch welchen wir alle hindurchgehen
müssen) zur kurzen Verständlichkeit gebracht diese ist: Es giebt eine
übersinnliche, unerkennbare Beziehung resp. Nichtbeziehung der ewigen
übersinnlichen unerkennbaren Qualitäten, welche sich in unserem
Vorstellen in eine räumlich-zeitliche Welt von Scheinen dadurch verwandelt, daß die einfache Seele durch den unbegreiflichen Anstoß der
übersinnlichen Welt eine Welt in sich ausspinnt. Die Gespenster
dieser Welt sind es, welche wir analysiren. So kommt H e r b a r t
zu derselben Unknowable Absolute Reality, wie K a n t und
S p e n c e r, und verfällt trotz seines angeblichen Realismus dem
Idealismus. So geht es jedem einseitigen Standpunkte; denn die
alleinige Wahrheit ist der R e a l - I d e a l i s m u s , das Wesen
als das A e u ß e r l i c h - I n n e r l i c h e , wie G ö t h e sagt:
Denn was außen, das ist innen, und was innen, das ist außen.

32) Unsere weitere Aufgabe wäre nun, die M ö g l i c h k e i t und
N o t h w e n d i g k e i t der E v o l u t i o n und S p e c i -
f i c a t i o n in dem ursprünglichen Ganzen, und insbesondere das
Verhältniß von N a t u r nnd G e i s t in demselben zu begreifen.
Es sollen hier nur die allgemeinsten Ideen darüber entwickelt werden.

33) Es erhellt aus Obigem, daß wir die Monaden oder Uratome als
C e n t r a betrachten müssen, welche sich als C e n t r a s p h ä r e n
auseinanderhalten und wechselwirken, und sich in W i r k u n g s -
l i n i e n stets u n m i t t e l b a r und m i t t e l b a r auf
einander beziehen, gleichsam schwebend in dem verbindenden i m -

materiellen Aether als dem vorgestellten allgegenwärtigen
allgemeinen Centrum, durch welchen Aether hin, sie sich gegenseitig
präsentiren, erregen, anziehen und abstoßen, in Spannung halten.
Alle anschauliche M a t e r i e ist das angeschaute, relative Gleich=
gewicht der Centralsphären, alle K r a f t, (natürliche und geistige)
die Spannung in der Synthese, alle B e w e g u n g das Produkt
dieser Spannung als des sich auflösenden r e a l e n W i d e r =
s p r u c h s des jedesmaligen B e s t e h e n s mit dem S o l l e n
des Gleichgewichts. Raum und Zeit sind Momente dieser lebendi=
gen Kette, die abstrahirten Formen der bewegten Monadensynthese.

34) Die H e t e r o g e n e i t ä t in den Materien, Kräften, Bewegun=
gen und Gesetzen der erscheinenden Welt kann nach den aufgestellten
Grundprincipien nur darin bestehen, daß die im Wesen identischen
Monaden in s p e c i f i s c h e n R e l a t i o n e n stehen können,
daß es also verschiedene S y s t e m e oder F o r m e n der Syn=
these giebt, und Systeme solcher Systeme. Alle besondere Materie,
Kraft und Bewegung, alle wirksame Körperlichkeit ist daher die er=
zeugte r e l a t i v e Gleichgewichtsform, Spannung und deren
Störung ist eine s p e c i f i s c h e O r g a n i s a t i o n, ein
besonderer immanenter Mechanismus, welcher freilich niemals von
der Totalität des Beziehung zu dem Universum geschieden werden
kann. Und da die Monaden = Synthese ewig ist und stets nur in
b e s t i m m t e r F o r m existiren kann, so ist ewig die Form mit
dem Wesen gesetzt, und damit eine B e s t i m m t h e i t materiel=
len Daseins und eine M e t a m o r p h o s e desselben in dem Pro=
cesse des Ganzen, übergebend von einer Form in andere Form.
Die Zeit ist nur die immer geformte und in sich bewegte Ewigkeit.
Der ewige Anfang ist nicht ein zeitliches Moment, sondern das zeitlos
gegenwärtige Wesen, welches in stetem K r e i s l a u f e am Ende
immer in den Anfang seiner F o r m e n zurückkehrt und vom An=
fange aus wieder fortgeht. Der Proceß selbst ist ohne Anfang und
Ende, die schlechthin in sich scheinende Ewigkeit. Ein Kreislauf des
Universums von der weltätherartigen Urform durch die ganze Ent=
wickelung der Weltkörper zurück zu dieser Urform ist ein B i l d d e s
U n e n d l i c h e n, indem jeder Kreislauf den neuen aus sich er=
zeugt, und den alten voraussetzt. In dieser Voraussetzung und Er=
zeugung hat die Unendlichkeit eine R e a l i t ä t, und diese kann
nur g e d a c h t, nicht angeschaut werden.

35) Nach unserer nothwendigen Voraussetzung der identischen Urqualität

aller Monaden müssen wir also alle q u a l i t a t i v e n und q u a n ﹣
t i t a t i v e n D i f f e r e n z e n überhaupt aus der Möglichkeit ab﹣
leiten, daß die Uratome:

A) In u n m i t t e l b a r e m Z u s a m m e n sind, und als
C e n t r o s p h ä r e n

   a) sich entweder blos als i d e n t i s c h e, g l e i c h g e l ﹣
t e n d e b e r ü h r e n und in einer m i t t l e r e n
S p a n n u n g verharren (Cohäsion nebst Abhä﹣
sion), m e c h a n i s c h e r Z u s a m m e n h a n g
nebst dessen e l a s t i s c h e n B e w e g u n g e n;
oder

   b) daß in diesem Zusammenhange g e s e t z t e D i f ﹣
f e r e n z e n des O s c i l l i r e n s die Erschei﹣
nungen der W ä r m e, des L i c h t s, so wie die
des E l e c t r o ﹣ M a g n e t i s m u s erzeugen;

   c) daß die Ausgleichung, resp. Bindung p o l a r e r
G e g e n s ä t z e der Monaden zu der c h e m i ﹣
s c h e n Verbindung derselben führt;

   d) daß sich namentlich b e s o n d e r e S y s t e m e
von 2, 3 und mehreren Centrosphären im unmittel﹣
baren, intensiven Zusammen bilden, und andern als
s p e c i f i s c h e Formen (krystallinische und chemi﹣
sche Atome oder Molecüle) gegenübertreten, und sich
dann in secundärer polarer Weise zusammenfassen,
(Krystallbildung und chemische Atomen-, Elementen﹣
und concrete Körperbildung);

B) Daß in dem m i t t e l b a r e n Zusammen, vermittelt durch
die Monadenkette, sich die verschiedenen Formen der W i r ﹣
k u n g i n d i e F e r n e entwickeln, wobei die vermit﹣
telnden Monaden, Molecüle und Körper die Rolle von L e i ﹣
t e r n spielen, aber dabei niemals als blos p a s s i v ge﹣
gedacht werden können;

C) Daß in allen diesen Fällen die verschiedenen Momente des
Wirkens oder die Wirkungstriebe und die aus ihnen resulti﹣
renden Bewegungen in H e m m u n g e n, V e r s c h m e l ﹣
z u n g e n und L ö s u n g e n begriffen sind.

36) So bilden sich auf der allgemeinen Grundlage der Verkettung, der
G r a v i t a t i o n und des W i d e r s t a n d s der Centren,
und dann durch Zusammen﹣ und Ineinanderwirken verschiedener

körperlicher Formen (des Weltäthers und concreter Gebilde) die
weiteren Specificationen der erscheinenden Welt. Die Erkenntniß
dieser Erscheinungen aus der Monaden-Synthesis, und der K r ä f t e
und G e s e tz e je nach der Specification der Formen ist die Aufgabe
der W i s s e n s ch a f t. Außer der Monaden-Synthesis ist Nichts.
In und mit diesen Specificationen erscheinen die Formen der D i ch-
t i g k e i t oder s p e c i f i s ch e n S ch w e r e , der ätherischen,
gasförmigen, vesicularen, flüssigen, festen und festweichen Zustände
und ihre Mechanismen, die Formen der Schwingungen in L i ch t ,
W ä r m e , e l e c t r i s ch e n und m a g n e t i s ch e n Processen, die ch e m i s ch e n Entwickelungen, die krystallinischen Gebilde und die Formen der Reproduktion, Jrritabilität und Sensibilität in den organischen Prozessen, — Alles nur Metamorphosen
der Monadenkette. Faßt man den Begriff der P o l a r i t ä t in dem
weitesten Sinne, als eine Einheit des Entgegengesetzten überhaupt,
so erhellt, daß sie identisch ist mit der Monadenkette, und von der
Centrosphäre aus als der Einheit des Gegensatzes von Centrum und
Peripherie, Anziehen und Abstoßen der andern in Linien, ihren Ro-
tationen um sich selbst, durch die elliptischen Bewegungen der Himmelskörper und alle concreten Prozesse bis zu dem Gegensatze der
sensiblen und motorischen Nerven, des Gedankens und des Willens
geht.

37) Setzen wir nun die gleiche Wesenheit der Urkräfte voraus, wie wir
im Gegensatze zu H e r b a r t genöthigt sind, und müssen wir
alle qualitativen und quantitativen Differenzen aus Differenzen der
Relativitäten zwischen denselben ableiten: so kann die ewige N o t h-
w e n d i g k e i t der Differenzirung und Gliederung der Monadenkette, also des erscheinenden Universums, nur in dem u r s p r ü n g-
l i ch e n G a n z e n liegen, nämlich in dem darin u r s p r ü n g-
l i ch m i t g e s e tz t e n W i d e r s p r u ch e des jedesmaligen
S e i n s und des S o l l e n s. Denken wir das Ganze, das U n-
e n d l i ch e , welches durch n i ch t s a n d e r e s , sondern nur
d u r ch s i ch s e l b s t b e g r e n z t s e i n kann, durch Abstraction in einem ursprünglichen vollkommenen Gleichgewichte der
Anziehung und Abstoßung aller Urpunkte des Seins und Wirkens in
allen Richtungen, so wäre dieses die ewige Spannung der Ruhe in
der E i n e n h o m o g e n e n U r m a t e r i e , der indiffe-
renzirte reale Raum. Diese Urmaterie wäre gleichsam die Indifferenz und Neutralität aller Formen (nach S ch e l l i n g und

O t e n), zugleich gasförmig und flüssig und fest, schwer und un=
schwer, ein primitiver Aether als die bloße Möglichkeit dieser ent=
gegengesetzten Formen.

38) Aber das Unendliche, das primitive Ganze, ist, also in sich vollen=
det, bestehend, nicht sein Sein ins Unendliche nur s u c h e n d , so
wenig wie das Einzelne sein Sein in einer Theilbarkeit ins Unend=
liche nur suchen kann, vielmehr das Vollendete, Einfache i s t (13).
So weit daher auch die Phantasie über jede bestimmte Grenze hin=
ausgehen mag, das Absolute ist in sich vollendet, geschlossen. Wäh=
rend aber das schlechthin Einzelne, die Monade, von a n d e r e n
Monaden begrenzt, insofern das schlechthin Endliche ist, so ist hinge=
gen das Ganze nur d u r c h s i c h s e l b s t b e g r e n z t , also
weder unbegrenzt noch durch anderes begrenzt. So ist es die p o =
s i t i v e U n e n d l i c h k e i t , und alles Besondere ein positiver
Theil derselben, von ihr umfaßt.

39) Die a b s o l u t e V o r a u s s e t z u n g nun, welche wir zur
Erklärung des Universums machen müssen, ist die, daß das in sich
begrenzte Ganze ursprünglich eine unvollendete, zur Vollendung hin=
treibende Sphäre sei, eine unregelmäßige Kugel, oder ein M o =
n a d e n = C h a o s , daß also gleichsam die in dem allgemeinen
Centrum aus sich selbst daher gleichgültig und unregelmäßig entste=
henden Monaden durch ihren Widerstand in der gegenseitigen Anzie=
hung vermittelst der B e w e g u n g das allgemeine Gleichgewicht
hervorzubringen streben und mit dieser organisirenden Bewegung
schlechthin behaftet bleiben. Dies ist die allgemeine ewige Nothwen=
digkeit, aus welcher das Universum entspringt, und welche aus nichts
Anderem abgeleitet werden kann. Darin ist der Gegensatz, die Po=
larität des a b s o l u t e n C e n t r u m s und der a b s o l u =
t e n P e r i p h e r i e enthalten; die V e r d i c h t u n g der
Schichten nach dem Centrum, die V e r d ü n n u n g nach der Pe=
ripherie hin, vermöge der allgemeinen Gravitation aller Wirkungs=
momente gegen einander ; die Bewegung des G a n z e n vermittelst
der peripherischen Bewegungsströme zur Herstellung der Sphäre
vermittelst des Herabfließens der entfernteren Theile der Peripherie
in die Vertiefungen, und die Zusammensetzung aller besonderen
Strömungen zu einer Gesammtströmung, einer a l l g e m e i n e n
R o t a t i o n d e r W e l t k u g e l u m s i c h s e l b s t , so
wie die Bildung der chemischen Atome und Elemente gegeben. Denn
nicht nur ist mit der sich berührenden Differenz der Schichten des in

Bewegung begriffenen Ganzen die Oscillation und Spannung der einzelnen Monaden allseitig differenzirt und zu Schwingungen, Ro-
tationen um sich selbst und um einander, zu electro-
magnetischen Processen bestimmt, sondern die Polarisirung der einzelnen sich berührenden relativ innern und äußeren
Monaden erzeugt zunächst 2monadige, weiterhin mehrmonadige Aus-
gleichungs- resp. Durchdringungs-Synthesen (35 A c d), und
Synthesen der Synthesen, d. h. die verschiedenen chemischen Ele-
mentaratome, während die Spannung nach den Seiten hin eine
geringere ist, und daher bei bloßer Cohäsion stehen bleibt. So
zersetzt sich das Ganze in differente Theilganze durch
Entwickelung von Formen aus Formen, seine allgemeine
Rotation verstärkt sich durch Verdichtung, die chemischen
Contractionen des Ganzen, bis zum Abfließen von Ringen, deren
Brechungen und sphärischen Besondersgestaltungen, bis das Ganze
in ein Universum von Gestirnen mit dem allvermittelnden
Weltäther als Totalathmosphäre aller Gestirne ausgebildet
ist, und sich immer weitere Specificationen bis zum thierischen Leben
entwickeln. Durch die endlichen Collisionen der Gestirne vermöge der
durch den Widerstand des Weltäthers siegenden Gravitation löst sich
das Universum in Folge der sich erzeugenden ungeheuren Hitze wieder
auf in die Urform, um von ihr aus durch den allmäligen neuen Sieg
der Gravitation, die Rotation, Verdichtung und Bildung neuer
Centren, seinen Kreislauf von Neuem zu beginnen.

40) Hiermit ist das ewige Werden in dem ewigen Sein des Ganzen gegeben, ein Nacheinander in dem Nebeneinander,
die Zeit, d. h. die Bewegung als raumgestaltender, Materie
umbildender Proceß, die Metamorphose der Unendlichkeit. Daß dieser Proceß der Bewegung nicht unendlich
schnell oder langsam sein kann, versteht sich von selbst, da das Unendliche in diesem Sinne nur die Negation jeder Bestimmtheit ist.
Ebensowenig ist die Bewegung eine unendliche Theilung des
Raums und der Zeit, dieses beliebige Phantasiespiel, welches schon
die alten Eleaten benutzten, um die Bewegung für unmöglich zu erklären. Sie ist vielmehr nur in der Continuität, der Unge-
theiltheit des Außereinander, sie ist die Production des Außereinander, die Verkettung der Centren. Diese Production ist
ein untheilbares Ganze, der im Setzen fortschreitende Punkt; und
dieses Fortschreiten ist stets eine bestimmte Größe vergleich-

bar mit anderen, so daß das Aufheben und Neuerzeugen des Punktes
eine bestimmte Intensität in einer bestimmten Extensität dar=
stellt, welche verglichen und sich selbst vergleichend mit anderen das
B e w e g u n g s m o m e n t ist.   D i e r e a l e B e w e g u n g
ist eine Veränderung des Verhältnisses der Monaden oder der
Monadencomplexe zu einander, und das r e l a t i v e Ueberwiegen
des b e s t e h e n d e n Verhältnisses oder der V e r n e i n u n g
desselben erzeugt die verschiedenen Geschwindigkeiten.   Sowie das
Monaden=Centrum zu dem andern sich nur verhält in einer bestimm=
ten Entfernung, einem Differenzial des Raums, welches ungetheilt
und untheilbar doch ein verschiedenes sein kann: so stellt sich die
V e r ä n d e r u n g in diesen Entfernungen d. h. die Bewegung
und die damit gesetzte Metamorphose der Erscheinung als eine cen=
trosphärische Entwickelung dar, also der Raumpunkt als Raumlinie
und der Zeitpunkt als Zeitlinie, Fortschrittslinie, und beide gedacht
als Producte monadischer, einfacher Kräfte sind die Differenziale und
Integrale, die Bewegungsmomente oder Pulsationen, deren ununter=
brochene Aneinanderreihung oder Wiederholung die Bewegung er=
giebt, welche daher schneller oder langsamer ist je nach der Größe des
Bewegungsmomentes, welches eine u n t h e i l b a r e b e s t i m m t e
e n d l i c h e G r ö ß e ist. — Ebenso leer und unwahr sind die Be=
hauptungen, daß von der Ruhe zu einer bestimmten Bewegung und
umgekehrt eine U n e n d l i c h k e i t von M i t t e l s t u f e n
durchlaufen werden müsse.   Denn jede Bewegung ist von Anfang
an eine b e s t i m m t e N e g a t i o n der Ruhe, des bestehenden
Gleichgewichts, und so wie das Bewegungsmoment überwunden ist
durch eine andere Kraft, so ist i n d i e s e m M o m e n t e die
Ruhe gesetzt, welche daher unmittelbar auf eine letzte Pulsation er=
folgt.   Ebenso in der z u n e h m e n d e n und a b n e h m e n=
d e n Geschwindigkeit reihen sich verschiedene Bewegungsmomente
oder Pulsationen unmittelbar aneinander, jede Pulsation erzeugt
i h r e Raumlinie und die nächste die i h r entsprechende. In der
Bewegung daher ist der Raum und die Zeit nicht zu denken als zu=
sammengesetzt aus Punkten sondern aus Centrosphären.   Dieses
Alles hat bereits H e r b a r t schlagend nachgewiesen.

41) Aus Obigem folgt also, daß das Universum schlechthin, also ewig
mit der Bewegung und Gliederung durch C a u s a l i t ä t, d. h.
mit der sich a u s e i n a n d e r e n t w i c k e l n d e n i m m e r a n=
d e r e n Z u s a m m e n o r d n u n g der sphärischen Urpunkte

behaftet bleibt oder einen ursprünglichen r e a l e n W i d e r s p r u c h darstellt, welcher sich nur in steter Bewegung und Gestaltung auflöst, oder zu unendlicher E n t w i c k e l u n g , E v o l u t i o n treibt. Die u r s p r ü n g l i c h e H e t e r o g e n e i t ä t in dem Ganzen und die damit gesetzte Oscillation, Strömung und Zerfällung in gleiche und ungleiche Glieder oder Theilganze kann ebensowenig zu Nichts werden wie die Monaden. Einmal gesetzt ist sie immer gesetzt, bildet einen steten Kreislauf der Metamorphose; Bewegung, Evolution, Leben ist daher Eins mit dem Universum, ist das Universum selbst. Könnte das Universum sich aufheben d. h. zum allgemeinen Tode des Gleichgewichts kommen, so würde es, da immer schon eine Un= endlichkeit verflossen ist, schon immer todt sein d. h. niemals ein Universum existiren. Solche Annahmen daher, wie sie sich selbst bei dem genialen Naturforscher H e l m h o l t z finden und von manchen Andern wiederholt werden, daß das Universum in allgemeinem Gleichgewicht der Ruhe oder Homogeneisirung aller Bewegungen endigen müsse, widersprechen sich selbst, und es ist ein schlechter Trost eines S p e n c e r oder W i n c h e l l , daß entweder die von uns unfaßbare U n e n d l i c h k e i t oder G o t t das er= sterbene Universum immer wieder zum Leben erwecken könne. Das Universum ist die unbedingte centroperipherische Rotation und Glie= derung und bleibt es also durch die Unendlichkeit hin. Sein Zurück= gehen in relative Homogeneität oder Keimform bleibt stets behaftet mit der centroperipherischen Differenz und Rotation und gliedert sich daher von Neuem.

42) Betrachten wir endlich, wie das g e i s t i g e Leben von dem N a = t u r l e b e n im engeren Sinne dieses Worts sich unterscheidet und doch mit ihm in der Monadenkette zusammenhängt.

In der N a t u r zunächst sehen wir die unbeschränkte Herrschaft der C a u s a l i t ä t des Hervorgehens aller Erscheinungen aus den S y n t h e s e n der Elemente und der aus ihnen erzeugten Moleküle und Körper, welche sich nach dem G e s e t z e der N o t h w e n d i g k e i t , das Gleichgewicht durch Bewegung in immer neuen Formen erzeugend, metamorphosiren. Eine geistige Einheit, die vorausgehende I d e e eines G a n z e n , oder ein die Seienden bewegender und ordnender Z w e c k ist nirgends er= kennbar, obwohl in dem t h i e r i s c h e n Organismus, auch wohl schon in dem p f l a n z l i c h e n , überhaupt also in den sog. l e b e n d i g e n Wesen, ein A n a l o g o n des Zwecks sich uns aufbringt, es so ausfieht, als ob diese synthetischen Formen von einem Künstler geordnet seien, ja das ganze Univerſum so betrachtet werden kann. Denn in der g a n z e n Natur iſt eine O r d n u n g , ein S y ſt e m bis in das Kleinſte, wie in dem Größten, um so mehr zu erkennen, je weiter die empiriſche Wiſſenſchaft vordringt. Das iſt aber auch nicht anders möglich, weil und inſofern das Uni= verſum ein u r ſ p r ü n'g l i ch e s G a n z e elementarer Ur= kräfte iſt, welche ihr G l e i ch g e w i ch t in ewiger Bewegung herſtellen, weil es alſo eine räumlich=zeitliche in ſich untrennbare Kette der Bewegung und Gliederung iſt, wo jede Form ſich mit allen immer wieder ausgleichen m u ß , ſo daß auch alle einzelnen r e l a t i v e n aus der Vereinzelung entſpringenden D i s h a r = m o n i e n , Stürme, Erdbeben, Ueberſchwemmungen, Mißge= burten u. ſ. w. doch nur auf Trieben beruhen, das Gleichgewicht des Vereinzelten zu dem Ganzen herzuſtellen, wobei die relativ zufällige und zwecklose Zerſtörung des Einzelnen immer mit geſetzt iſt, ſo daß das Ganze Univerſum durchweg zugleich zweckmäßig und unzweck= mäßig e r ſ ch e i n e n muß.

43) Nun beſteht aber eine unter Naturforſchern verbreitete, von H e r = b a r t höchſt ſcharfſinnig und genial begründete und vertiefte An= ſicht, welche man die atomiſtiſche im ſpecifiſchen Sinne nennen kann, darin, daß in der verſchiedenen Stellung der Atome, Realen, oder wie man ſonſt die Uratome nennen mag, zu einander nirgends eine urſprüngliche und immanente, ſondern überall nur eine blos z u = f ä l l i g e und ä u ß e r l i ch e Einheit der Seienden, ſelbſt wenn ſie, wie bei H e r b a r t , als ſich durchdringend gedacht würden , eine immanente Einheit hingegen nur allenfalls in den inneren Scheinen oder zufälligen Anſichten jeder Monade, nämlich durch die identiſche Einfachheit oder Individualität der Monade, beſtehe. Aber auch in dieſem letztern Falle hängen die Scheine (Empfindungen) in jeder Monade nur f o r m e l l zuſammen, weil ſie nicht aus ihr und auseinander entwickelt, ſondern nur ihre zufälligen v o n A u ß e n erregten Scheine ſind (wie ein und derſelbe Punkt in anderen äußeren Relationen gedacht, bald als Endpunkt einer Linie, bald als Mittelpunkt eines Kreiſes u. ſ. w. erſcheint). Die ganze Er= ſcheinungswelt hat daher nur ein äußerlich formelles Band, ſo= wohl die objective als die ſubjective des Ich, worin die erſtere uns allein erſcheint, während die Realen in ewiger Gleichheit beharren, nur von Außen formell zuſammen= und außereinander kommen durch

eine vorausgesetzte ursprüngliche Bewegung derselben in einem un=
endlichen leeren Raume.

44) Nach dieser von H e r b a r t speculativ idealisirten atomistischen An=
sicht wäre das Ich schlechthin eine Monade als ein zufälliges von
Außes erregtes Scheinen derselben in sich und die C o n t i n u i =
t ä t der S e i e n d e n wäre nur ein in dem zufälligen Zusam=
mentreffen erregter subjectiver Schein, während die Discretion das
Absolute bleibt. Wäre dies aber so, dann würde und müßte das
Universum und jeder Körper schlechthin z e r f a l l e n , nur eine
Reihe von im unendlichen Raume in zufälligen Entfernungen neben
einander gesetzten zufällig zusammentreffenden Punkten oder Kugeln
sein ohne jede weitere Wirkung gegen einander außer rein mechani=
schem Stoß und Gegenstoß und alle lebendige Kraft und Trieb wäre
nur innerlich in jeder einzelnen Monade, könnte nirgends in die
andere ü b e r g r e i f e n , in keinem dritten centralen Einheits=
punkt mit ihr verschmelzen und ein Allgemeines bilden, ganz
einerlei, ob die Monaden oder Atome von gleichem oder entgegenge=
setztem Wesen wären. Es wäre mithin eine wirkliche C o n t i =
n u i t ä t der Seienden, und damit Gravitation, Cohäsion, Sich=
selbstzusammenschließen der Objecte und Insichschließen eines Andern,
reale Kraft, natürliche wie geistige, also auch Empfindung, An=
schauung eines O b j e c t s unmöglich. Weshalb denn auch
H e r b a r t consequent alle Continuität der Realen, alle an=
ziehenden und abstoßenden und geistigen K r ä f t e , alle räumlich=
zeitliche R e a l i t ä t verwirft, und zu bloßen Scheinen im Ich
macht. Eine äußere Ordnung und Form müssen wir aber auch nach
ihm setzen, je nach den in uns sich entwickelnden Scheinen, in=
sofern sie von uns Allen unvermeidlich in gewissen Reihen zusam=
mengefaßt werden. Die Nothwendigkeit im Schein deutet daher auf
eine b e s t i m m t e obwohl nur äußerliche ihrem Wesen nach unbe=
kannte B e z i e h u n g zwischen den Seienden, und zu dieser Bezie=
hung fügen wir die Formen des Raums und der Zeit und der Kraft
hinzu, um eine subjective Z u s a m m e n f a s s u n g zu haben.
Könnnten sich die Wesen selbst wirklich zusammenfassen, so würde
das Universum in E i n I d e n t i s c h e s verschwinden, d. h. es
wären keine vielen Wesen.

45) Aber die Form der Einheit hat ohne Zweifel o b j e c t i v e R e a l i =
t ä t , die Seienden b e r ü h r e n und durchdringen sich nicht blos
ä u ß e r l i c h , sondern sie h a l t e n sich z u s a m m e n , (mecha=

nisch, chemisch und organisch); sie sind a so Kräfte gegen einander,
Momente einer Einheit, und es erfordert Kräfte, den Zusammenhang
aufzuheben. Eine Mechanik, welche die Erscheinungen aus bloßen
ursprünglichen Bewegungen von Atomen in einem leeren Raume er=
klären will ohne ein ursprüngliches immanentes Band oder eine durch
Alles hingebende centrale Einheit, eine C o n t i n u i t ä t durch allen
Raum hin, vermöge deren Alles in Eins zusammen s t r e b t — eine
solche Mechanik ist, abgesehen von ihren widersprechenden Voraus=
setzungen (No. 16—20), mit allen Erfahrungen über die unorgani=
sche und organische Natur im Widerspruche. Sie kann weder ein
Atom selbst noch eine concrete Körperlichkeit begründen. Niemand
wird sich durch H e r b a r t , S p i l l e r oder einen A t o m i s t e n
einreden lassen, daß die Gravitation, die Cohäsion und Organisa=
tion der Körper a u ß e r h a l b d e s W e s e n s ihrer constituiren=
den Elemente und dem Raume selbst liege, sei es in einem sto=
ßenden und organisirendem Gotte, Aether oder Urbewegungen von
Atomen; Niemand wird sich einreden lassen, daß nicht das Gehirn
durch den Act des Vorstellens und Wollens die Bewegung der orga=
nischen Glieder m i t v e r u r s a c h t , im d y n a m i s c h e n realen
Zusammenhange mit denselben steht. Auch vermag sich H e r b a r t
diesen Thatsachen nicht zu entziehen; er sagt daher, durch das zufällig
Zusammen von qualitativ e n t g e g e n g e s e t z t e n Realen
oder Eins entstünden S e l b s t e r h a l t u n g e n in jedem,
u n d d a s A e u ß e r e m ü s s e s i c h d a n n n a c h d e m
I n n e r n r i c h t e n. So erkennt er ein s i c h ä u ß e r n d e s
I n n e r e s an, nur daß er beide, durch ganz erfahrungswidriges
Subjectivmachen der ganzen Raum= und Zeitanschauung, n e b e n
einander herlaufen läßt. Die Welt des Wesens und wirklichen Ge=
strebens ist nach ihm nur das Reich der i n n e r n Scheine; die
räumlich zeitliche Welt und deren Kräfte sind nur B i l d e r , in
welchen wir, die Ich, unsere durch das zufällige Zusammen mit an=
dern Realen in uns entstandenen Scheine zusammen zu fassen suchen,
und die Bewegung ist nur ein in uns entstehendes Bild vermöge des
M i ß l i n g e n s unser Zusammenfassung.

46) Eben deshalb nun, um die Thatsachen zu begründen, setzten die E l e a =
t e n , S p i n o z a , L e i b n i t z , S c h e l l i n g , H e g e l das Eine
in A l l e m als das Absolute. Die Continuität, der wechselwir=
kende Zusammenhang der Einzelnen, ruhte in diesem Einen. Die
Vielheit ist nur eine Negation, eine Begrenzung, eine Production,

ein Schein im Einen. Aber hiermit ist die Idee, der Gedanke im logischen Widerspruche mit der Realität, der räumlichen Form des Universums, dem Neben- und Außer-einander-Bestehen der Dinge, welche nicht bloße Scheine im Einen sind, nicht bloße Empfindungen, Vorstellungen, Gedanken eines Ich. Wie Herbart und die Atomisten die wirkliche reale Einheit der Dinge, so konnten jene Denker die wirkliche reale Viel-heit derselben nicht ohne logischen Widerspruch aus ihrem Princip ableiten (10). Ganz naiv setzten freilich die Eleaten und mehr noch Spinoza das ausgedehnte Wesen selbst als das Eine, welches hiermit der innere logische Widerspruch ist. Denn es ist das mit sich Identische rein und einfach als das Außer- oder Neben-sich-selbst-Seiende gesetzt, welches Setzen Hegel erst durch das dialektische Kunststück des Sichselstentlassens der Idee vollbringt. Herbart hat mit Recht dieses Eine zerstört, aber wo bleibt nun das „Band" der Dinge, wo ist die reale Einheit der Vielen?

47) Wir haben diese Widersprüche gelöst, indem wir die absoluten Wesen in der absoluten Form der Einheit setzen (20). Wir geben hiermit der Form Wesensbedeu-tung, setzen sie als unbedingtes Attribut der Wesen. Die Vielen stehen ursprünglich in Einem Centrum, und sind nur gleich-sam die Ausbreitung dieses Centrums durch ihre Selbstständigkeit ihren Widerstand gegen einander zu dem totalen Orte, dem Universum. Sie sind nur als die differenziellen Elemente des Ganzen. So ursprünglich mit und für einander be-stehend sind die Monaden nicht Punkte, sondern lebendige Cen-trosphären, haben die andern in ihrem Wesen, als ihren Schein an sich selbst, und in und mit diesem Sichgegenwärtigsein und gegenseitigem Suchen und Fliehen, Anziehen und Abstoßen, bilden sie miteinander lebendige Linien u. s. w., in welchen jedes Moment die anderen bewegt, erregt und in dem allgemeinen ideellen Centrum mit ihnen verschmolzen ist, so daß sie eine Differenz von Scheinen, Kräften, Thätigkeiten bilden, welche in jedem Momente die Einheit des Gegensatzes der Monaden darstellen, oder auf dem Boden einer realen All-gemeinheit stehen. Sie bilden eine organische Kette, eine Kette durch immanente ursprüngliche Centralität.

48) Als solche Linien des Seins und Wirkens stellen die Monaden

Einen allgemeinen Lebensprozeß dar, un‐
getheilt und untheilbar, durch die verschmol‐
zenen Momente verlaufend, welche die vielfache
Aeußerlichkeit bilden in der einfachen jedoch durch
die Momente überall reflectirten daher differenzirten Inner‐
lichkeit des Ganzen. Die Atome empfinden sich in einan‐
der, bewegen sich mit einander, gestalten sich als ein Ganzes von
Innen aus d. h. in der continuirlichen Allgemeinheit, dem all‐
gegenwärtigen Einen Centrum. So bilden Sie eine allge‐
meine concrete Individualität durch das Re‐
flectirtsein aller in einander. In jedem Raumpunkte des Verbun‐
denen sind die Scheine aller durchdrungen. Jede Monade ist eine
Individualität, welche durch die unmittelbare und mittelbare Be‐
rührung aller erregt, afficirt ist, und obwohl nach ihrer Stellung in
dem Ganzen wieder individualisirt, doch mit den andern zusammen
eine ungetrennte, ungetheilte allgemeine Individualität als das
Sichzusammenschließen aller zum Ganzen bildet. Und als dieses
Ganze und in ihm findet sie sich dann auch, insofern sie ein
Glied der im engeren Sinne empfindenden Kette ist. Man
könnte daher sagen: jede Monade ist erstens das Eine
ideelle Centrum Aller, zweitens das einzelne
Fürsichsein gegenüber Allen, drittens der Pro‐
zeß des einzelnen Fürsichseienden gegen alle andern in dem Einen
Centrum. Wird so ein Punkt der Kette, eine Monade im Ganzen
afficirt, so verlauft die Affection im allgemeinen Centrum
durch die Reihe der Monaden von Punkt zu Punkt, und
kommt so im empfindenden Leben der Einheit desselben, dem
Ganzen zum Bewußtsein. Die in Folge der Affection veränderte
Stellung der Monade afficirt die Stellung der berührenden u. s. w.
bis die ganze Kette durchlaufen ist. Eine bestimmte Kette
wird nur aufgelöst durch Veränderung der Relationen der Glieder,
wie bei dem Zerreißen, den chemischen Umbildungen, während der
Zusammenhang überhaupt, also in irgend einer Form, immer bleibt,
das Sein sich immer in neuer Weise zusammenschließt. Denn wir
sahen, daß der Raum nicht ein isolirendes Unding ist,
sondern die Wirkungsathmosphäre, des Unterschei‐
den und Uebergeben aller Monaden, die in dynamischen Linien ver‐
bundenen Seienden. Insofern ist das Universum ein "plenum"
und ein untheilbares Ganze, Alles in ihm nur ver‐
schiebbar.

49) Die ganze Natur ist diese durch die centrale Innerlichkeit oder Einheit bestehende Kette des Außereinander, gegliedert in heterogenen Formen; sie ist der totale Organismus des Seins in di.sem weiteren Sinne des Worts. Die Organismen im engeren Sinne sind nur bestimmte Glieder oder Organe in diesem Ganzen, seine concretesten, vermittelsten Endglieder, specifische höhere chemische Synthesen in Selbstevolution vermittelst der Umbildung unorganischer Synthesen in sich durch deren Katalyse, colloidische Neubildung und specifische Einverleibung in der Berührung, so daß der Organismus durch Metomorphose der unorganischen Natur in sich wächst und sich reproducirt, das Ueberbildete fortwährend der großen Natur zurückgebend, und zuletzt die ganze überbildete Individualität, nachdem dieselbe neue Bildungsanfänge aus sich entwickelt hat. Das Leben und der Tod fällt nur in diese specifische Kette, in die Entwickelung des höchsten concreten, organischen Steinwesens. Jedes concrete lebendige Individuum ist ein solches Scheinwesen, nur die Monade und das Universum das Unsterbliche. Im allgemeineren Sinne kann und muß man dann freilich das ganze Universum in allen seinen Gliedern lebendig und geisterfüllt nennen, in ähnlicher Weise, wie man dasselbe einen Organismus nennen kann und muß.

50) In der Pflanze nun ist das Leben oder der Proceß der Organisation der höheren chemischen Synthese, d. h. der Zellenbildung, noch ganz in der Reproduction von organischem Stoffe und Form begriffen. In dem wieder durch die Pflanze vermittelten Thiere hingegen scheidet die zu Bild und Zweck erwachende Zellenkraft gleichsam katalyptisch durch die von dem erwachten Punkte ausstrahlende Infection ein centrales System der Sensibilität und Irritabilität in dem plastischen Stoffe aus, in welchem das ursprüngliche Insichscheinen, Percipiren oder Empfinden der Monaden in der Kette (28, C, b) in seinen momentanen steten Auslösungen durch Bewegungen, gehemmt und dieses in sich zurückgeworfene Percipiren in einem Focus concentrirt wird. So wird in dem Thiere die Empfindung entbunden oder frei, in dem Nervensysteme und dessen Ganglien = und Gehirncentrum. Es ist dieses eine letzte Metamorphose, welche sich aus der vegetabilischen Grundlage abgelöst hat, wie diese aus der unorganischen Natur. Empfindung,

Ich, Bewußtfein find nichts Anderes als eine Form, in welcher die identische Urkraft der Natur als Monadenkette an der Spiße ihrer Differenzirungen und Integrirungen erscheint; fie find nur ein Theil der allgemeinen Bewegungskräfte momentan metamorphofirt in Empfindungskraft, und insoweit erloschen als Bewegungskraft, aber zurück verwandelbar in dieselbe, und dann erlöschend als Empfindungkraft.

51) Der Geist als die zu Idee und Wille und damit zum Zweck potenzirte Nothwendigkeit der Natur, haftet daher nicht an einer einzelnen Monade, wie Leibniß und Her= bart annehmen, obwohl der leßtere mit Recht die reale Wechsel= wirkung der Monaden zu feiner Vorausfeßung macht. Sondern der Geist, das Ich mit allen feinen Empfindungen, Vorstellungen, Ge= danken, Zwecken, ist ein Product der Naturkraft, eine Blüthe des Univerfums. Daher ist er ein Schein= wefen, ausgeboren in der Monadenkette, ihr continuirliches, allgemeines Insichscheinen, in welchem die befondern Scheine, Empfindungen u. f. w. als Störungen des fich wieder= herstellenden Gleichgewichts gefeßt find, und durch alle Fäden des Nervenfystems zuhöchst zu der Belegungsmaffe des großen Gehirns verlaufen, wofelbst der ganze Schein ein Centrum hat, in welchem Alles verbunden ist. In diefem Centrum find zwar die äußeren Sinne localifirt als innere Sinne, aber alle diese Scheine find in continuirlichem Zufammen= hange und stehen fo auf dem Boden des allgemeinen Scheines, welcher in fich gegliedert ist, und dieser Schein ist das Ich.

52) In den höheren Thieren und alfo auch dem Menschen ist daher die centrale Gehirnsphäre (central im Sinne der Mün= dung der Nerven in der Ganglien=Belegungsmaffe) der Siß des Ich, welches mithin an einer Form der Verkettung und Gestaltung von Monaden haftet, deren einzelne Glieder allmählig ausgeschieden und durch neue erfeßt werden mögen, ohne daß die Einheit des Ich darunter leidet, fo wenig wie die Einheit des Muskelfystems leidet unter der allmähligen Verjüngung feiner Monaden, Atome, Molecüle. Nicht daher Eine Monade empfindet und ist der Siß des Ich, fondern eine Monaden=Verkettung, welche einen allgemei= nen reflectirten Schein in fich bildet, in welchem alle befondere Modi= ficationen des Nerven=Scheinens als feine innern Momente oder Bestimmtheiten aufgenommen werden, und welcher gefpannt gegen

die Objectivität durch alle seine Organe und Fäden hin, seine Scheine
als o b j e c t i v e Formen projicirt, d. h. sie zurück übersetzt in
ihre äußeren Quellen, und so die Welt reconstruirt in der Idee. Das
Vorstellungsleben ist der M e c h a n i s m u s d e s I n s i c h -
s c h e i n e n s der Seienden als verketteter, gegründet auf den Mechanismus des Nervensystems, nur dessen entbundene in der momentanen Rück-Auslösung in Bewegung gehemmte Kraft. Es bleibt das
unsterbliche Verdienst H e r b a r t 's, das Vorstellungsleben so begriffen zu haben, wenn er auch dasselbe in Eine Monade zusammen-
schnürt, weil er die ursprüngliche Continuität oder allgemeine Centralität der Seienden verkennt.

53) Und weil das Ich ein S c h e i n w e s e n ist in einem Monadencomplexe, so ist ihm Raum, Zeit, Kraft und Bewegung von seiner
natürlichen Grundlage aus i m m a n e n t , und seine C o n -
s t r u c t i o n derselben ist eine R e c o n s t r u c t i o n . So ist
es überhaupt eine Reconstruction des Universums als ein G l i e d
desselben. Deshalb sehen die Psychologen auf H e r b a r t's Grundlage sich immer zuletzt genöthigt, Raum, Zeit und Bewegung schon
v o r a u s z u s e t z e n , damit sie in dem Ich gesetzt werden können. Dieser Streit ist durch die Idee der ursprünglichen immanenten
Synthese gerade ebenso aufgelöst, wie der Streit zwischen einem
V i r c h o w und L i e b i g über die Selbstständigkeit der S e e l e .
Die thierische Seele ist nicht Eine Monade, ein Geist, eine Idee g e -
g e n ü b e r der Materie; auch nicht eine Materie oder eine B e -
w e g u n g und Schwingung von Atomen oder Molecülen, sondern
das Insichscheinen einer synthetischen Naturkraft, welches durch einen
Monadenkreis verläuft, und darin eine u n g e t h e i l t e und
u n t h e i l b a r e Einheit oder Individualität des Scheinens ist,
so lange der Monadenkreis u n g e b r o c h e n ist. Diese Individualität ist ursprünglich N a t u r k r a f t , Eins mit dem organischen Bildungsprocesse als dessen d i r i g i r e n d e s B i l d ,
und scheidet sich ab in die empfindende Seele und das Ich durch die
Gestaltung eines Theils des organischen Gewebes zum Nervensysteme. B e w u ß t l o s entwickelt so u r s p r ü n g l i c h die
thierische Individualität den Organismus, getrieben durch die Kräfte
der N a t u r , welche in ihr sich zu einem Focus synthesiren und
darin ein selbstisches Bild entbinden, die sog. S e e l e , und dann
erzeugt s e c u n d ä r die in dem Nervenleben nochmals reflectirte
Seele als entbundenes Ich einen Organismus des Zweckes durch die

Kunst. Es ist dasselbe Leben, derselbe Geist, der Trieb des Gleichgewichts, der Harmonie der ursprünglichen Selbste in dem allgemeinen Centrum, welcher in der b e w u ß t l o s e n Tiefe die organische Form, und dann, darüber hinausgehend, eine Welt des B e -
w u ß t s e i n s erzeugt. Auch in der thierischen O r g a n i s a -
t i o n ist an die u n e n d l i c h f e i n e M o l e c u l a r f o r m
eine b e w u ß t l o s e I d e e und E r i n n e r u n g oder ein
Bewegungs b i l d gebunden, welches als ein Analogon des bewußten Geistes die k ü n s t l e r i s c h e und i n s t i n c t i v e or-
g a n i s c h e Seele ist, und durch das Nervensystem allmählig zum
Bewußtsein e r w a c h t. In jedem Keim und Ei ist diese specifische Individualität plastisch angelegt durch die Ausscheidung eines
Miniaturbildes aus der ganzen Individualität der Erzeuger. Kraft,
Bildungstrieb, Instinct, Seele, Geist sind nur Entwickelungsstufen
desselben Wesens.

54) Betrachten wir nun das Universum in seiner T o t a l i t ä t, so
erscheint dasselbe zuerst als ein allmähliges Z e r f a l l e n der
positiven Unendlichkeit der relativ homogenen Urform, des sog. Welt-
nebels, vermöge ihrer Polarisirung und Bewegung (39), in eine Reihe
von k ö r p e r l i c h e n G l i e d e r n: Atomen, Mole̊cülen,
concreten Elementen, Himmelskörpern, Schichten auf denselben,
Krystallen, Pflanzen und Thieren. Es ist ein E v o l u t i o n s -
P r o z e ß zur c o n c r e t e n V e r e i n z e l u n g hin, das
relativ Homogene zerfällt in heterogene Formen und Vereinzelung
concreter Glieder, welche zusammen ein S y s t e m bilden, in welchem jede Individualität wieder gestört, erregt und zerstört wird
durch die Wechselwirkung mit den andern: bis durch eine Totalrevo-
lution der Keimzustand des Universums zurückkehrt und dasselbe
von Neuem sich auszeugt.

55) In diesem Prozesse der Unendlichkeit wird aber in den t h i e r i -
s c h e n O r g a n i s m e n die I d e e und der Z w e c k erzeugt
als die S i c h s e l b s t e r s c h e i n u n g der Naturkraft und ihre
R e a k t i o n gegen die u n m i t t e l b a r e Natur. Ein T h e i l
der Naturkraft wird zunächst m e t a m o r p h o s i r t in bewußt-
lose I d e e und Z w e c k, und w i r k t katalytisch durch sein Blastem hin, dasselbe gegen die Objectivität hin zu deren Assimilation
zerfallend als bewußtloses dirigirendes Bild in dem entsprechenden
Blastem, bis die plastische Seele empfindende und bewußte Seele
durch das Nervensystem geworden ist. Als b e w u ß t e Seele er-

kennt dieselbe die Formen und Gesetze des Universums und faßt
dieselben neu zusammen zum Zwecke der Entwickelung der
bewußten Individualität zu der möglichst vollkommenen Kraft und
Harmonie. So hat der thierische Organismus in dem Menschen eine
Form erreicht, welche zu einer Wiedergeburt des Universums in Idee und Zweck führt, die relativen Harmonien und Disharmonien desselben erfaßt und soweit möglich der Menschenharmonie
unterwirft, welche in vollster Gestalt die Harmonie der
Menschheit ist.

56) Das Wesen und die Kraft des Geistes liegt in dem Erkennen, in der Vernunft, welche sich zum Centrum der
thierischen Empfindungen und Triebe macht und sie damit befreit
aus ihrer unmittelbaren Befangenheit, dem Zwecke der allgemeinen menschlichen Selbsterhaltung, Har-
monie und also Glückseligkeit unterwirft, wie wir in
dem zweiten Theile zeigen werden. Die religiöse Idee setzt
diese Herrschaft des Geistes durch die Voraussetzung eines ursprünglichen Geistes, Gottes, zu welchem alle Individuen zurückkehren müssen. Das ist aber
nur das Ideal des Menschen als Wesen personificirt und in
das Centrum des Universums gesetzt, und löst sich so auf in das
Universum, wenn es nicht im logischen Widerspruche mit demselben
bleiben soll. Die Realität dieses Ideals hingegen ist die zu
einem vernünftigen Organismus der Mensch-
heit, einem harmonischen Gesammtleben ausgeschaffene Persönlichkeit des Menschen, auf der Grundlage des ewig schaffenden
Naturgeistes, des universellen Lebens.

———⊶⊷———

Schluß des erften Theils.

Die natürliche Welt der Erfahrung und Vernunft gegenüber der unnatürlichen Welt der religiöfen Phantafie.

Vergeblich fucht der Skepticismus dem Menfchen die Erkenntniß des Wesens der Erfcheinungswelt abzufprechen. Hält derfelbe dem Geifte die Widerfprüche in den letzten Begriffen entgegen, fo ift die Antwort, daß der Geift felbft die Begriffe und alfo auch ihre Widerfprüche erzeugt und folglich wieder löfen kann. Hält er demfelben die Subjetivität und Relativität des Erkennens entgegen, fo ift die Antwort, daß eine von der Realität getrennte, nicht von ihr durchdrungene und umfaßte Subjectivität ein Unding ift, und daß das Bild des Seins im Empfinden und Erkennen nur die Realität des Seins mit allen feinen Formen in einem fubjectiven Focus darftellt; und ferner, daß das Abfolute das Ganze ift, in welchem die Relativität hiermit nothwendig eingefchloffen ift. Alle Negationen der fpeculativen Erkenntniß bis auf Comte und Spencer herab find in Wahrheit und können nur fein Triebe des Erkennens zu feiner Vollendung hin, zum Setzen einer vollkommneren Einficht durch geiftige Entwickelung. Die leeren Redensarten: Das Abfolute ift unerkennbar u. f. w., find nur Uebergangsftadien von einer unvollkommneren zu einer vollkommneren Erkenntniß — und find anderntheils Ruhekiffen der geiftigen Trägheit.

Allerdings fchließt diefes die Vorausfetzung in fich, daß das Erkennen nur durch Entwickelung aus Einfeitigkeit, Schein und Irrthum zur Wahrheit gelangt. Diefe Vorausfetzung wird durch die gefammte Entwickelung der Wiffenfchaft beftätigt und hat offenbar ihren Grund darin, daß das Erkennen eine Erfcheinung des Wefens ift, eine Selbftoffenbarung, welche ihre einfeitigen, relativen Beleuchtungen erft durchdringen und zum Ganzen ordnen muß durch einen Lebensprozeß; und diefes macht die weitere Vorausfetzung, daß das Wefen nur durch und im Reflex und Prozeß allmählig zur Erfcheinung kommt.

Wir haben gezeigt, nach Erfahrung und Vernunft, d a ß das Univer= sum nur dieses stete Erscheinen, Reflex und Prozeß des Ewigen ist. Und es kann dieses nur sein, wenn das w a h r h a f t e, p o s i t i v e U n e n d l i ch e vorausgesetzt wird als d i e T o t a l i t ä t e w i = g e r e i n f a ch e r S e l b ß t e, w e l ch e in der D u r ch = d r i n g u n g s i ch w i e d e r s t e h e n u n d a u s e i n a n d e r = h a l t e n u n t s o d i e e w i g e i m m a n e n t e K e t t e d e s S e i n s b i l d e n , w e l ch e i n s t e t e r M e t a m o r p h o s e d e r R e l a t i v i t ä t d i e v i e l e n F o r m e n d e r E r = s ch e i n u n g a n n i m m t. Hierin ruht das natürliche All und ruhen die geistigen Lichtpunkte desselben.

D a s e w i g e S e i n a l s K e t t e d e r S e i e n d e n f ch e i n t i n f i ch d u r ch R e f l e x a l l e r S e i e n d e n i n e i n a n d e r. Das Universum ist die ewige a n a l y t i f ch e S y n t h e f e. So ist es L e b e n im allgemeinsten Sinne, Prozeß, Bewegung, Gliederung und Selbsterfassung. Die allgemeinen Formen dieser analytischen Syn= these auf der ewigen nicht weiter ableitbaren Grundlage der qualitativen und quantitativen Urbestimmtheit der Kette sind die G e s e ß e d e s U n i v e r s u m s , sich gliedernd, wie sich die Synthese gliedert.

Wir sind weit davon entfernt, zu glauben, daß wir in der 2. Abthei= lung dieses Theiles den v o l l k o m m e n s t e n, k l a r s t e n Ausdruck für das Wesen der Dinge gefunden haben, wir wissen, daß Besseres ge= leistet werden muß. Aber so viel ist uns gewiß, daß nur auf diesem von H e r b e r t S p e n c e r in genialer Weise aufgefaßten Wege der a n a l y t i f ch e n S y n t h e f e d e s S e i n s und der E v o l u t i o n d e r E r f ch e i n u n g s w e l t das Räthfel der leßtern lösbar ist. Gott und Materie, Urmonade und gesonderte Atome, bloße Einheit oder Vielheit sind A b s t r a c t i o n e n d e r P h a n t a f i e, welche dem kritischen Erkennen e r l i e g e n müssen. Man hat die Weltan= schauung der Vernunft die m o n i s t i f ch e oder e i n h e i t l i ch e genannt, gegenüber dem D u a l i s m u s oder der Z w e i h e i t von Natur und Geist. Aber allseitiger würde die Weltanschauung der Vernunft die n a t ü r l i ch e genannt werden, gegenüber der ü b e r = n a t ü r l i ch e n und u n n a t ü r l i ch e n der P h a n t a f i e, d. h. der p h a n t a f t i f ch e n. Es versteht sich dann von selbst, daß Natur in diesem Sinne überhaupt die E r f ch e i n u n g des W e f e n s ist, also das geistige Princip und den Idealismus in sich schließt. M e = t a p h y f i k im Sinne der Vernunft kann dann nur einen Gegensaß bedeuten gegen die blos f i n n l i ch e Auffassung ohne die leßte Analyse des Sinnes; sie kann also nicht das Ueber- und Unnatürliche, sondern das im Denken vorauszusetzende aber sinnlich unanschaubare Element des Sinnlichen zum Gegenstande haben.

Eine Welt des geistigen Scheines hingegen, der noch erkenntnißlosen Phantasie des Menschen, in welcher der Mensch seine g e i s t i g e Persönlichkeit dem Universum einseitig g e g e n ü b e r s t e l l t und die O h n m a c h t derselben durch das Setzen a l l g e m e i n e r der Natur mächtiger geistiger Personen in den G r u n d und als P r i n c i p der Natur aufzuheben sucht, indem er sich mit diesen G o t t h e i t e n v e r - m i t t e l t, ist die Welt der r e l i g i ö s e n Vorstellung im strengen Sinne dieses Worts in a l l e n F o r m e n d i e s e s V o r - s t e l l e n s von dem Fetischismus bis zum spirituellsten Monotheismus.

Die Kritik nun dieser a n t h r o p o m o r p h i s t i s c h e n Vor- stellung über den Grund des Universums zeigt Folgendes:

1) G o t t ist zunächst n u r e i n e V o r s t e l l u n g und ein G e d a n k e des Menschen, indem der G e g e n s t a n d dieser Vorstellung nirgends a u f g e z e i g t werden kann (wie Sonne, Mond, geistig thätige Menschen als Gegenstände aufgezeigt werden können).

2) Diese Vorstellung wird als ein S c h e i n der Menschenphantasie nachgewiesen und widerlegt:

a) durch die E r f a h r u n g s w i s s e n s c h a f t, welche zeigt, daß alle Erscheinungen des Universums nur aus G e - s e t z e n der Natur, d. h. aus ihren zunächst b e w u ß t - und z w e c k l o s e n Kräften und Trieben hervorgehen; und insbesondere, daß das g e i s t i g e L e b e n, die geistige P e r s ö n l i c h k e i t, Bewußtsein und Zweck, nur aus einem Prozesse des N e r v e n s y s t e m s e n t s p r i n g t, und von ihm abgelöst nirgends aufzuzeigen ist;

b) durch die s p e c u l a t i v e W i s s e n s c h a f t, welche zeigt, daß ein r e i n e r n a t u r l o s e r G e i s t ein Wi- derspruch in sich selbst ist; daß die S c h ö p f u n g einer Welt durch denselben, durch seine bloßen Gedanken und Willen ein gleicher logischer Widerspruch ist; daß a l l e G e s e t z e des Universums ähnlich wie das Gesetz, daß die Winkel eines Dreiecks gleich zwei Rechten sind, aus dem Wesen und der Nothwendigkeit des Seins folgen und nicht von einem W i l l e n abhängen; daß das w i r k l i c h e U n i v e r s u m gänzlich im Widerspruch ist mit dem Begriffe Gottes, indem erst in der höchsten Stufe des Humanismus sich eine Welt der Menschlichkeit bildet, welche das Analogon einer Welt Gottes sein könnte; und endlich daß die **absolute Analyse** des Universums von der Erfahrungswissenschaft aus einzig und allein zu der **Monadenkette** als dem ewigen Sein führt, in welchem alle Erscheinungen stehen;

c) durch die **psychologische** und **historische** Kritik aller Ursprungs und Quellen der religiösen Ideen, welche nachweist, daß dieselben nur in der **menschlichen Phantasie** auf untergeordneten Bildungsstufen, nicht in der Wissenschaft, ihre Begründung haben und daher als Formen dieser Phantasie voller Widersprüche sind und sich **gegenüber** bleiben, während die Wissenschaft sich immer mehr als die Eine widerspruchslose **Erkenntniß des Seienden** zusammenzieht, **alle** Religionen aufhebend.

Diese Andeutungen müssen hier genügen. Die positive wissenschaftliche Weltanschauung ist in dem ganzen 1. Theil entwickelt. Die Kritik der religiösen PhantasieAnschauung erfordert zu ihrer Durchführung eine besondere Darstellung, welche nicht der unmittelbare Zweck dieses Schriftchens ist. Dasselbe will blos zeigen, was der wirkliche Grund der Erscheinungswelt ist, und wie die Gesetze der sittlichen Welt rein aus dem Standpunkte des Menschen im Universum und zu den Mitmenschen zu begreifen sind, als die **immanente Nothwendigkeit** des Menschen, nicht als eine von Außen kommende Gesetzgebung.

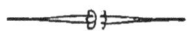

Zweiter Theil.

Die Gesetze des Humanismus.

Einleitung.

Der Mensch und sein Gesetz.

In dem 4. Abschnitte der ersten Abtheilung und am Ende der zweiten des 1. Theils sahen wir, daß das Universum in dem Menschen als dem höchsten synthetischen Gliede seiner Entwickelung gipfelt; daß der Mensch der Schlußpunkt des thierischen Lebens ist, und als dieser Schlußpunkt sich von allen anderen Thierstufen scheidet, und sich als Mensch dem bloßen Thiere gegenüberstellt. Als dieses vollendete Thier ist der Mensch zur freien Sensibilität entbunden, und wird hiermit selbstbewußtes und denkendes, den Zusammenhang des Daseins in der Idee reconstruirendes Wesen. Er bleibt daher nicht, wie das Thier, in dem Selbstgefühl und Instinct stehen, und befangen in der Vereinzelung des empfindenden, wahrnehmenden und begehrenden Lebens, so daß die auch in dem Thiere vorhandenen intelligenten Kräfte nur den momentanen Empfindungen und Trieben in beschränkter Weise dienen; sondern er erhebt sich zu dem Allgemeinen, zergliedert denkend das Reich der Erscheinungen, faßt den Zusammenhang derselben, und erfaßt eben damit auch sich selbst als ein Allgemeines, als die Einheit einer räumlich-zeitlichen Kette, in welcher er sich entwickelt. Dieses ist es eben, was wir das freie Bewußtsein und die Vernunft nennen als das, wodurch der Mensch sich von allen anderen Thierformen scheidet, wie sich das Thier von der Pflanze durch die Sensibilität, die Pflanze von dem Krystall durch die Zellen-Reproduction scheidet. Wir erkannten, daß diese Scheidung des Menschen von dem Thiere in der Vollendung des Gehirnlebens und Anpassung des ganzen Organismus zu derselben begründet ist.

Wir sahen nun ferner, daß der Mensch als vernünftiges, erkennendes Wesen nicht gleich vollendet dasteht, sondern sich als solches erst durch einen langen geschichtlichen Prozeß hervorbringt. In ihm ist zunächst nur der Keim, die A n l a g e oder natürliche Befähigung zum freien Wesen, welches sich durch allmählige stufenmäßige Ueberwindung der thierischen Unfreiheit, Einseitigkeit und Befangenheit, womit der Mensch beginnt, entfalten muß. Die Vernunft oder das freie erkennende Bewußtsein ist das punctum saliens, die Anlage des übermächtigen Gehirncentrums, welche sich entwickelnd alle Seiten des thierischen Daseins nach und nach, erst schwach, dann stärker, zuletzt vollkommen durchdringt und idealisirt. Dieser als vollendet gedachte vernünftige Mensch, welcher Gedanke also selbst nur die Blüthe der ganzen Entwickelung ist und die Lebensgemeinschaft solcher Menschen ist es, was wir die Humanität oder den H u m a n i s m u s, das wahre Menschenthum nennen. Und dieser Standpunkt ist im Allgemeinen erreicht durch das Auftreten der einheitlichen gesetzlichen Weltanschauung und des Bewußtseins der Freiheit, Gleichheit und Brüderlichkeit der Menschen (s. den Schluß Th. 1, Abth. 1, Abschn. 4).

So wie nun die Selbsterhaltung und Selbstentwickelung, worin selbstverständlich auch die Erhaltung der Gattung liegt, der allgemeine Trieb und Zweck aller Thiere und Menschen ist, so ist die Selbsterhaltung und Selbstentwickelung des v e r n ü n f t i g e n oder vollendeten M e n - s c h e n der Zweck des H u m a n i s m u s. Keine bestimmte, specifische Form des Universums kann aber gedacht werden ohne ihre s p e c i f i - s c h e alle ihre Besonderheiten umfassende, insofern allgemeine, N o t h - w e n d i g k e i t, ohne die eigenthümliche Art und Weise, in welcher die Urkräfte in ihr verbunden sind und ein Ganzes erzeugen, natürlich in der steten Beziehung dieser Form zu den anderen Formen des Universums. Diese i n n e r e N o t h w e n d i g k e i t jeder Form nennen wir ihr G e - s e t z und, als eine Vielheit gedacht, ihre Gesetze. Jede Form und Stufe des Daseins ist daher identisch mit ihrem Gesetze, ist ohne dasselbe Nichts. So ist das Sonnensystem Nichts ohne das Gesetz der Gravitation und des sich selbst gleichen Tangentialtriebes, der Krystall Nichts ohne das Gesetz der Molecular-Polarisation, die Pflanze Nichts ohne das Gesetz der

Zellenreproduction. So haben auch alle mathematischen Formen, arithmetische und geometrische, z. B. Addition, Subtraction, Dreieck, Kreis, ihre Gesetze, ohne welche sie nicht das sind, was sie sind. So auch ist der vernünftige Mensch, und also der Humanismus, Nichts ohne seine bestimmten Gesetze, Nichts ohne die nothwendigen Bestimmungen, in welchen die Selbsterhaltung des vernünftigen Menschen sich darstellt. Gesetz überhaupt ist die Bestimmtheit und damit Nothwendigkeit in der Synthese des Seins, Gesetz des Humanismus ist die Nothwendigkeit in der Synthese des erkennenden Gehirnlebens des Menschen in seinen Beziehungen zu Natur und Mensch. Insofern ist die Darstellung der Gesetze des Humanismus nichts anderes, als die Natur = geschichte des freien, erkennenden Menschen, die Darstellung der Selbsterhaltung der Vernunft des Menschen und durch sie des ganzen Menschen in seinen verschiedenen Beziehungen.

Nun ruht die wahre Glückseligkeit des Menschen in seiner Selbsterhaltung als Mensch, d. h. in der Selbsterhaltung, in dem Setzen der Einstimmigkeit und Harmonie seines Lebens durch die Vernunft, und der Humanismus ist daher Eins mit der Glückseligkeit des Menschen, und darin sind alle Bedürfnisse des menschlichen Lebens als der Grundlage der Vernunft mitgesetzt und also enthalten, so daß eine Glückseligkeit, welche in einer Entgegensetzung der Vernunft gegen die physischen Bedingungen des Lebens bestände, nur eine hohle dualistische Abstraction ist, characterisirend das scheinheilige Pfaffenthum und einseitige philosophische Systeme, welche letzteren aber stets ausgeglichen sind durch entgegengesetzte Systeme, wie der Idealismus durch den Realismus, der Spiritualismus durch den Materialismus u. s. w.

Während nun aber in der bewußtlosen Natur das Gesetz als reine oder sog. blinde Nothwendigkeit oder Causalität der Synthese, ohne vorausgehende Idee und Zweck, wirkt, so wird hingegen die Nothwendigkeit oder das Ganze der Gesetze des freien Menschen ein Ideal für das Bewußtsein und den Willen des Menschen, für welchen als sich immer aus dem Thiere entbindenden diese Gesetze ein Sollen sind, eine Nothwendigkeit, welche er in sich aufzunehmen hat, um voller Mensch zu sein. Die Gesetze des Humanismus stellen daher das Wesen des vernünftigen Menschen dar zugleich als ein Ideal für den werdenden Menschen, mit dem er sich in Harmonie setzen soll. An keine andere Naturform kann man sich wenden mit einem Sollen für sie selbst, man kann nur die Bedinguugen ihrer Nothwendigkeit verwirklichen, das Thier höchstens nur dressiren. Obgleich diese Nothwendigkeit auch für den Menschen gilt, so wird doch das **N a t u r g e s e y** für ihn zugleich ein **m o r a l i - s c h e s** oder **S i t t e n g e s e y** im weitesten Sinne dieses Wortes, d. h. eine Idee in seinem Bewußtsein, nach deren Realisirung er zu streben getrieben ist, um sich als Mensch in ein **h ö h e r e s G l e i c h g e w i c h t**, in eine durch Vernunft vermittelte **H a r m o n i e** mit sich selbst, den Mitmenschen und der Welt zu setzen. Die **F r e i h e i t** des Menschen als **Willkühr** ist die für ihn vorhandene **A u s w a h l** der vernünftigen und der vernunftlosen Nothwendigkeit, die **E n t b i n d u n g** von der **b e - w u ß t l o s e n** Nothwendigkeit der Natur, die **S e l b s t b e s t i m m u n g** des Menschen. Aber damit ist diese Selbstbestimmung doch niemals eine **g r u n d - oder c a u s a l i t ä t s l o s e**, dieses Unding der Indifferenz des Willens. Vielmehr ist die Selbstbestimmung **b e s t i m m t** durch die Stärke der **I d e e n** und **M o t i v e**, durch die Nothwendigkeit des **g e i - s t i g e n** Processes, in welchem die Begierden und die freie Natur des Menschen zusammengefaßt sind. Deshalb kommt es auf die totale Bildung und Erziehung des Menschen an, ob er der Vernunft oder dem vereinzelten Triebe folgt; und deshalb ist ein System vernünftiger Ausbildung des Menschen eine **G a r a n t i e** für seine Vernunft und Sittlichkeit. Die **w a h r e** Freiheit ist daher nichts Anderes als die für das menschliche Bewußtsein Nothwendigkeit gewordene Menschlichkeit und Vernunft. Die alten Vorstellungen von Verdienst, Sünde, Gnade u. s. w. fallen für die **w i s s e n s c h a f t l i c h e** Auffassung als **S c h e i n v o r s t e l l u n g e n** eines noch gedankenlosen Menschenlebens hinweg.

Daß nun die Gesetze des Humanismus oder der Vernunft **e w i g e** Gesetze sind für den Mensch so lange er Mensch ist, versteht sich nach der Idee des Gesetzes von selbst, so gut wie die Gesetze des Dreiecks ewige Gesetze sind. Denn ewig bedeutet hier das **u n w a n d e l b a r e W e - s e n e i n e r E r s c h e i n u n g s r e i h e**, von welchem sie nicht getrennt werden kann ohne zu verschwinden. Die Erscheinungsreihe des Humanismus, der Menschensynthese, ist daher nur in und mit diesen Gesetzen, wie die Erscheinungsreihe der himmlischen Bewegungen nur mit den Gesetzen der Gravitation und des Tangentialtriebs. Dächten wir die Gesetze des Humanismus herausgezogen aus dem Menschenleben, so würde dasselbe dem Thiere und weiterhin der Pflanze und der unorganischen Natur verfallen oder das höhere Gleichgewicht des erkennenden Lebens würde in einseitigere Gleichgewichtsformen zerfallen. Alle Sphären des Universums bestehen, wie oben gesagt, nur durch **i h r e** Gesetze, entwickeln sich aus ihnen als der **e w i g e n F o r m** der Erscheinung, welche Eins ist mit der **e w i g e n K e t t e d e r S e i e n d e n**, und welche, so wie die

Kette sich umwandelt, von einem Gesetze in ein anderes übergeht, vom Gesetze des Krystalls in das der Pflanzenzelle, von dieser in das der thierischen Zelle, von dem Thiere in das des Menschen. Die ganze Ent-wickelung der Menschheit hat die Bedeutung, die Gesetze des Menschenle-bens durch Ueberwindung des Thieres stufenweise zu realisiren, bis sie in ihrer Reinheit und Vollständigkeit erkannt sind, den Menschen keim zu entwickeln zu der Menschheit, und dann zuletzt das Menschenle-ben rein zu organisiren nach der Vernunft. So sagte einst der Philosoph Hegel schön, daß in Rousseau und der ersten französischen Revo-lution die Menschen sich zuerst auf den Kopf d. h. die Vernunft gestellt hätten, um das Leben der Gesellschaft und des Staats ganz von Neuem zu begründen. So auch in der Unabhängigkeits-Erklärung unserer Ver. Staaten. Denn diese vernünftige totale Erkenntniß ist jetzt vorhan-den; wir können die Gesetze des vernünftigen Menschenlebens in allen Richtungen mit derselben Gewißheit aufstellen, wie die Gesetze der Geome-trie; und vor diesen bewußten Gesetzen wird eine alte noch halb thieri-sche Welt ebenso gewiß zusammensinken, wie sie durch sich selbst, durch ihre inneren Widersprüche zwischen dem Thierischen und Menschlichen sich mit Nothwendigkeit zerstört. Aehnlich wie einst das alte Ptolemäische Weltsystem vor den erkannten Gesetzen des Copernikus, Keppler und Newton, und durch seine eignen zu immer weiteren Künsteleien führenden Widersprüche zusammensank. Was der religiöse Standpunkt noch in eine hohle jenseitige Scheinwelt verlegt, das wird das Gesetz der Vernunft in der Menschheit realisiren, das Erkennen und die Sittlichkeit.

Wir werden nun die Gesetze des Humanismus darlegen, es der Wis-senschaft überlassend, nachzuweisen, daß alle Gesetze in allen Sphären des Universums nur die Metamorphosen sind des Einen Grundgesetzes der Herstellung des Gleichgewichts der Urkräfte. Durch den Trieb nach dieser Herstellung ist das Universum in Bewegung und zer-fällt zunächst in blinder Nothwendigkeit in Gegensätze und Vereinzelung körperlicher Formen, bis dasselbe höhere leben-dige Harmonien aus ihnen hervortreten läßt, welche in dem Menschen, durch Erkenntniß und Zweck vermittelt, sich zum Reiche des Wahren, Guten und Schönen vollenden.

Wir werden in 2 Abtheilungen entwickeln zuerst die Gesetze des Hu-manismus, welche sich aus dem Verhältnisse des Menschen zu seiner eignen und der allgemeinen Natur, sodann diejenigen, welche sich aus seinem besondern Verhältnisse zu den Mitmenschen ergeben.....

Erſte Abtheilung:

Die Geſetze des vernünftigen Menſchenlebens in dem
Verhältniſſe des einzelnen Menſchen zu ſeiner
eignen und der allgemeinen Natur.

Das allgemeine Geſetz iſt: Das Leben des Menſchen ſei, zum Zweck
ſeiner Selbſterhaltung und Selbſtentwickelung, im Einklange mit den erkannten Geſetzen der Natur in der Weiſe, daß das die Erhaltung und
Entwickelung des Lebens Fördernde gethan, das dieſelbe Hemmende und
Störende vermieden werde, daß alſo die möglichſt vollkommene Harmonie des geſunden Menſchenlebens erzeugt werde.

Indem wir nach dieſem Geſetze zunächſt den einzelnen Menſchen
in dieſer erſten Abtheilung betrachten, um dann in der zweiten zu zeigen,
daß das Ziel des einzelnen Menſchen nur in der Menſchengeſellſchaft, in
dem Organismus der Menſchen vollſtändig erreicht wird: ſo
faſſen wir wieder den einzelnen Menſchen zuerſt auf in ſeiner Beziehung
zu ſeiner eignen leiblich-geiſtigen Natur, ſodann in ſeiner Beziehung
zu der übrigen Natur, inſofern er durch ſeine Arbeit dieſelbe zum
Zwecke ſeiner Selbſterhaltung und Selbſtentwickelung umgeſtaltet.

Erſter Abſchnitt.

Geſetze für die Geſundheit des leiblichen und geiſtigen Lebens des Menſchen.

Die vernünftige Selbſterhaltung des menſchlichen Individuums beſteht darin, daß ein geſunder Geiſt in einem geſunden Körper lebe. Die Erfahrung lehrt uns die Geſetze, unter welchen dieſe ge-
ſunde Entwickelung ſteht. Sie lehrt uns, daß die äußeren Verhältniſſe
wie das eigne Verhalten des Individuums wohlthätig oder nachtheilig
auf die Selbſterhaltung einwirken. Die nachtheiligen Einwirkungen zu
vermeiden, die wohlthätigen zu ſuchen, iſt das Geſetz des geſunden Menſchenlebens.

1) Schon in dem Keim und der erſten mehr bewußtloſen Entwickelung
des Menſchen als Kind wird der Grund des ganzen zukünftigen
Daſeins gelegt. Das von geſunden Eltern erzeugte und in ſeiner Kind-
heit vernünftig gepflegte Individuum iſt die richtige Grundlage jeder

weiteren gesunden Entwickelung. Wo in diesen Grundlagen Mängel sind, kann doch in Generationen durch fortgesetztes vernunftgemäßes Verhalten das gesunde Leben fortwährend wieder steigen.

Das Kind soll, wo irgend möglich, von der Mutter selbst zuerst er= nährt, reinlich gehalten, vor übermäßiger Hitze und Kälte geschützt, reiner Luft möglichst ausgesetzt, von allem Kleiderzwang befreit sein. Es ist eine Thatsache der Erfahrung, daß häufiges Waschen und Baden im lauen und weiterhin kaltem Wasser die Gesundheit des Kindes sehr befördert.

Die Anfänge des Gehens, Sprechens und der Erkenntniß sollen dem Kind mehr spielend und dann beigebracht werden, wenn der Trieb dazu in ihm erwacht ist. Allmählig, wie es verständiger wird, soll das Kind gelehrt werden zu gehorchen, damit der Anfang der Selbst= beherrschung in ihm gemacht werde. Der rechte Weg der Erkenntniß ist nicht der, das Gedächtniß des Kindes mit unverstandenen Formeln zu überladen, sondern dasselbe durch l e b e n d i g e A n s c h a u u n g zur Erfahrung und Zergliederung der Wirklichkeit zu führen, und so das Denken vorzubereiten und zu entwickeln.

Die erste physische und geistige Entwickelung der Kinder wird immer hauptsächlich der M u t t e r zufallen, und später am besten in sog. K i n d e r g ä r t e n unter verständiger Leitung fortgesetzt werden, bis die Kinder zu der eigentlichen S c h u l e herangewachsen sind. Eben daraus nun, daß die erste Entwickelung des Kindes hauptsächlich an der Mutter hängt und für das ganze Leben von so hoher Bedeutung ist, ergiebt sich auch von dieser Seite her die Nothwendigkeit, das weibliche Geschlecht möglichst zur I n t e l l i g e n z heranzubilden und in volles G l e i c h g e w i c h t mit dem männlichen zu setzen.

2) Das erste Bedürfniß des Menschen ist die N a h r u n g als Speise und Trank. Das Gesetz hierfür ist, daß Speise und Trank gesund und an= genehm für den Menschen seien, daß er dieselben mit einer gewissen Regelmäßigkeit zu sich nehme, wie Erfahrung und Bedürfniß es ihn lehren, und daß er Maaß darin halte. Je mehr der Mensch durch ver= nünftige Arbeit, Bewegung im Freien u. s. w. seine Gesundheit för= dert, desto richtiger wird auch sein Nahrungsinstinkt und desto voll= kommner die Aneignung des Genossenen. Eine aus Fleisch und Pflanzenkost gemischte Nahrung ist im allgemeinen die beste für den Menschen.

Die a l k o h o l i s c h e n Getränke sind nicht als Nahrungs= son= dern nur als Reiz= und Belebungsmittel zu betrachten, und werden nur insofern wohlthätig fein, als der Mensch sie zur rechten Zeit, rein und mäßig genießt, so daß er in dem Genusse seine geistige Herrschaft behaupte. Geht er darüber hinaus, so wird allmählig der physische und moralische Untergang die Folge sein. Die gänzliche Enthalt-samkeit von geistigen Getränken ist an sich keine nothwendige Vor-aussetzung der Gesundheit noch ein Beweis höherer sittlicher Kraft als ein vernünftiger Genuß, ist jedoch sowohl mit der vollsten Gesundheit nicht nur verträglich, sondern in vielen Fällen das einzige Mittel einen Menschen zu retten, und insofern verdienen die T e m p e r e n z - G e s e l l s c h a f t e n mit ihren Bestrebungen hohe Anerkennung.

3) Zur Gesundheit und Annehmlichkeit des Menschen gehören gute W o h n u n g e n , welche geräumig und frei sind von Keller- und an-deren Ausdünstungen und gut v e n t i l i r t ; welche in Winter und Sommer Kälte und Hitze nicht zu leicht durchdringen lassen, und mög-lichst in einem temperirten, gemäßigten Wärmezustand gehalten werden.

4) Ebenso wesentlich ist gute K l e i d u n g , angepaßt an die kältere und wärmere Jahreszeit, mit Verwerfung aller Einzwängung von Körpertheilen, damit die organische Thätigkeit nirgends in ihrem freien Spiele gehemmt werde. Wie verderblich die Einschnürungen bei dem weiblichen Geschlechte wirken, ist allgemein bekannt.

Von B e t t e n gilt dasselbe Gesetz der Annehmlichkeit und An-gemessenheit zu der Jahreszeit, wie ihre Stellung in reinen luftigen Zimmern.

5) Daß zu der Erhaltung eines gesunden, freudigen Daseins alle e x - c e n t r i s c h e n oder m a a ß l o s e n Thätigkeiten besonderer Organe, z. B. des Gehirns, der Muskeln, der Sinnesorgane, der Geschlechts-organe, vermieden werden müssen, zeigt ebenso die Erfahrung. Aber ebenso ist U n t h ä t i g k e i t in allen diesen Beziehungen zu verwer-fen. Eine mäßige und wechselnde Thätigkeit der verschiedenen Lebens-organe erhält am vollkommensten die H a r m o n i e d e s G a n z e n , die Gesundheit von Leib und Seele.

6) Zu dieser werden daher auch a b s i c h t l i c h e k ö r p e r l i c h e Uebun-gen in verschiedenen Richtungen, bei beiden Geschlechtern, führen. Da-hin gehört das T u r n e n , B a d e n , R e i t e n , S c h l i t t s c h u h -l a u f e n , allerhand S p i e l e mit körperlichen Bewegungen.

7) Die i n t e l l e c t u e l l e G e h i r n - und S i n n e s t h ä t i g k e i t soll, sobald das Kind etwas erstarkt ist, leicht beginnen, und in mäßi-gem allmählig steigendem Grade bis zu der w i s s e n s c h a f t l i c h e n Erkenntniß fortgesetzt werden, deren allgemeinsten G r u n d l a g e n

und Geſeze ſchlechterdings zum Eigenthum aller Menſchen wer-
den ſollten. Das Weſentliche bei der Entwickelung des Geiſtes iſt, daß
theils das geiſtig von der Menſchheit Errungene im Gedächtniß
niedergelegt, theils aber und hauptſächlich das ſelbſtthätige
Denken r. h. Zuſammenfaſſen und Zergliedern des Gegebenen zur
Herrſchaft gebracht werde. Eine übermäßige Anſtrengung der
Geiſtesorgane iſt aber zu vermeiden, weil ſie dieſelben aufreibt und zu
Krankheiten führt. Es muß daher auch bei denjenigen, welche ſich dieſen
Thätigkeiten vorzugsweiſe hingeben, ſtets ein gewiſſer Wechſel mit an-
deren mehr körperlichen ſtattfinden.

8) Die moraliſche oder die ſittliche Willenskraft des Individuums ſoll durch vernünftige Erziehung vorbereitet werden, ſo daß
ſchon das Kind ſich ſelbſt zu beherrſchen und zu regieren lerne. Maaß-
halten, Selbſtbeherrſchung, Sinn für das Schöne
und Zweckmäßige, für Harmonie, ſind die beglückenden Eigenſchaften des gebildeten Menſchen gegenüber der thieriſchen Rohheit
des Wilden. Feſtigkeit des ſittlichen Wollens, nicht
Eigenſinnigkeit, iſt das wahre Ziel; und ſie führt, mit Erkenntniß
vereinigt, ſo gewiß zum wahren Genuſſe und der Befriedigung des Daſeins, als die entgegengeſetzten Eigenſchaften zur Thorheit, Schmerz
und Unzufriedenheit. Denn der ſittliche intelligente Wille r. h. der
Wille des die Reihe des Daſeins zuſammenfaſſenden und in Harmonie
ſetzenden Erkennens iſt das Weſen, das ewige Geſetz des Men ſchen-
geiſtes, und alſo dadurch die Selbſtbefriedigung des freien Bewußtſeins bedingt, während die Herrſchaft der Triebe, der Begierden,
über den Geiſt dieſen ſchlechthin in Widerſpruch mit ſich ſelbſt führt, in
innere Disharmonie, welche in Gewiſſensbiſſen, Furcht und Qual zur
Erſcheinung kommt, und das haltloſe Individuum den religiöſen Schre-
den und Tröſtungen in die Arme wirft.

9) Endlich iſt auch der Kunſtſinn und die Kunſtthätigkeit,
d. h. überhaupt die Verwirklichung einer Idee in der realen Welt, in
jedem Individuum zu entwickeln; ſowohl die ideale Kunſt oder der
Trieb, eine Idee anſchaulich zu machen in einem realen
Bilde, als auch die praktiſche Kunſt oder der Trieb, eine Idee
zum Nutzen des Menſchen und zur weiteren Herrſchaft über die Natur,
in einem Stoffe zu realiſiren. Mit dieſer Kunſtthätigkeit wird der
Menſch gleichſam nachſchöpferiſch, die Natur umformend
von ſich aus durch neue Zuſammenfaſſung und Geſtaltung ihrer Momente. Dieſe ganze Thätigkeit in praktiſch productiver Richtung, die-

ſes Unterwerfen und Aſſimiliren der vorausgeſetzten Natur, dieſes
Dienſtbarmachen zu den Zwecken des Menſchen iſt die
Arbeit im engeren Sinne dieſes Wortes. Und nur durch die Arbeit
iſt es, daß der Menſch wahrer Menſch wird, aus dem Geiſte wie:
dergeborne Natur, ſich ſelbſt ausbreitend und wiederfindend in
der vorausgeſetzten Nothwendigkeit des Daſeins, ſich durch die Natur
hin objectivirend, und die Natur humaniſirend. Der Gottesdienſt
iſt das Phantaſiebild eines die Natur beherrſchenden Geiſtes, die
menſchliche Arbeit iſt die wirkliche Herrſchaft des Geiſtes über die Natur.
Das alte "Ora et labora" geht über in den Satz: „Erkenne und
arbeite."

Zweiter Abſchnitt.

Geſetze für die menſchliche Arbeit.

Da das Leben des Menſchen, wie das aller lebendigen Weſen, auf
einem Blaſteme beruht, welches ſelbſt nur eine neue Syntheſe der Elemente der unorganiſchen Natur iſt, und da das Leben nur in dem allmähligen Wachsthum, der Zerſetzung und Neubildung dieſes Blaſtemes aus
thieriſchen, pflanzlichen und elementaren Stoffen, alſo in der ſteten Reaction und Aneignung gegen die umgebende Natur beſteht: ſo iſt die Selbſterhaltung und Selbſtentwicklung des Menſchen bedingt durch die Aufnahme, die Benutzung und den Verbrauch eines Theiles der Natur. Allmählig erzeugt ſich nun unter den Menſchen mehr und mehr die Fähigkeit
und das Bedürfniß, das, was die Natur bietet, durch menſchliche
Arbeit nicht nur zu ſammeln, ſondern auch zu vergrößern, zu vervoll-
kommnen und umzuwandeln, um daſſelbe den Bedürfniſſen des Menſchen
entſprechender zu machen. Auf dem Boden der Naturnothwendigkeit,
durch eine neue Anordnung der natürlichen Daſeinsformen, ſchafft ſo der
Menſch eine zweite künſtliche Production über der unmittelbaren
blos natürlichen. Dieſe Thätigkeit iſt die menſchliche Arbeit.

Wenn nun auch die eigentliche ſog. productive d. h. Stoffwerthe
erzeugende Arbeit in der realen Umwandlung natürlichen Daſeins beſteht, ſo iſt doch auch hierfür die geiſtige Arbeit, das Erkennen,
die erſte Bedingung, ſo daß, abgeſehen von dem Werthe des Erkennens
als Selbſtbefriedigung des geiſtigen Menſchen, daſſelbe zugleich den prak-
tiſchen Werth hat, durch Einſicht in die Stoffe, Kräfte und Geſetze der Natur, zur Grundlage aller Arbeit zu dienen. So wie daher die Wiſſenſchaft
in der Menſchheit ſteigt, ſo ſteigt auch die Arbeit und Kunſt des Menſchen.

Für die größtmögliche Vollkommenheit der Arbeit, also für die Erzeugung der reichsten Lebens- und Genußmittel auf die leichteste Weise, ergeben sich die folgenden Gesetze:

1) Die Einsicht in die Naturverhältnisse muß so allgemein und groß wie möglich für alle Menschen werden, so daß dieselben eine richtige Grundlage für ihre Arbeit haben, und selbst zu neuen Erfindungen befähigt sind. Alle Menschen sollten in den Schulen mit den Gesetzen der Mathematik und Natur möglichst bekannt werden. Diejenigen, welche ihr Leben der Erforschung der Natur widmen, sollten von allen Menschen möglichst unterstützt werden, um die Wissenschaft immer weiter zu führen. Jedermann weiß, daß die großen Kulturmittel der neueren Zeit, die Maschinen, wie die Dampfmaschinen, die Eisenbahnen, die electrischen Telegraphen u. s. w. Resultate der Wissenschaft sind.

2) Ein Hauptgesetz für die Arbeit zu ihrer größtmöglichen Production ist sodann die Arbeitstheilung, indem der einzelne Mensch in einer besonderen Richtung, die er hauptsächlich verfolgt, am vollendetsten werden kann, wie Göthe sagt: „Nur in der Beschränkung kann sich der Meister zeigen." So theilt sich die Arbeitsthätigkeit in die besondern Productionszweige; und so geht endlich das Handwerk in die Fabrik über, in welcher seine einzelnen Thätigkeiten weiter gesondert und vereinzelt werden, und durch Vollkommenheit der Einzelthätigkeiten und Zeitersparung ein Ganzes des Zusammenwirkens entsteht, welches weit productiver ist, als wenn jeder Einzelne das Ganze treiben wollte. Man vergleiche die allmählige Arbeitstheilung in den aufsteigenden Klassen des Thierreichs, die Specification der Organe.

3) Ein zweites Grundgesetz für die productive Arbeit ist die größtmögliche Ersetzung der Handarbeit durch Maschinen-Arbeit, durch Thiere sowohl als Maschinen im engeren Sinne. Denn die Maschine kann einestheils vollkommener arbeiten als die Hand, und anderntheils kann durch eine Maschine eine Menge von Menschen- und Thierkräften ersetzt werden, so daß diese Kräfte zu anderen productiven Thätigkeiten frei und überhaupt minder belastet werden, also dem Menschen die härteste Arbeit abgenommen wird. Die größte Productivität zugleich und Erleichterung der Menschenarbeit liegt daher in der möglichst durch Maschinen getriebenen Fabrik.

4) Jede productive Thätigkeit, sei es, in Bergbau, Jagd, Landwirth-

schaft oder Industrie im engeren Sinne, d. h. in Herbeischaffung, Erzeugung oder Formirung des Rohmaterials, wird da am vollkommensten gelingen, wo die Natur- und die umgebenden Kunstbedingungen die bestimmte Thätigkeit am meisten erleichtern und fördern.

5) Die Producte der C o n s u m t i o n oder des Verbrauchs der Gegenstände sollen möglichst gesammelt und wieder verwendet werden, soweit sie eine Erleichterung für neue Production gaben. So Dünger, Lumpen u. s. w.

Je größer die Production, desto größer wird die Consumtion und also der Genuß des Daseins sein können, für welchen keine andern Regeln aufgestellt werden können als die im ersten Abschnitte angegebenen: Vernunft, Maaß, Harmonie des Menschenlebens, Erhaltung des gesunden, frischen Menschendaseins.

Zweite Abtheilung.

Die Gesetze der Vernunft für das Verhältniß des

Menschen zu den Mitmenschen.

Das Verhältniß des Menschen zu den Mitmenschen stellt sich dar:

1. als das allgemeine vernünftige Verhalten des e i n z e l - n e n Individuums zu andern Individuen (R e c h t und S i t t l i c h k e i t);

2. als die Organisation der m e n s c h l i c h e n Gesellschaft (sociale Politik).

Erſter Abſchnitt.

Die Geſetze der Vernunft über das Verhalten des einzelnen Menſchen zu den Mitmenſchen.

1. Das Erkennen iſt die weſentlichſte Fähigkeit des Menſchen, und das Ziel alles Erkennens iſt die Wahrheit. Erkenntniß iſt Macht; denn wir erlangen durch dieſelbe die Fähigkeit möglichſter Selbſterhaltung und Produktion in dem Ganzen der Natur, während Unkenntniß der Naturgeſetze und Täuſchung uns zum Verderben und Untergange führt. Was daher der vernünftige Menſch von ſich und Anderen fordert, iſt Wahrheit. Erkenntniß der Wirklichkeit, und Mittheilung dieſer Erkenntniß. Und was er von Anderen fordert, das fordert der Andere von ihm; und in dieſem gegenſeitigen Geben und Nehmen der Wahrheit wird Jeder reicher und vollkommner, während die Ausbreitung der Unwahrheit und Lüge Alle ärmer macht, und alſo ihre Glückſeligkeit hindert und ſchwächt.

Das erſte Geſetz des vernünftigen Verhaltens des Individuums im Menſchenleben iſt daher das der Wahrhaftigkeit als der Geſinnung die Wahrheit zu geben und zu nehmen, und die Lüge zu verwerfen.

Wenn daher auch Fälle vorkommen können, wo ein Individuum kein Recht auf die Wahrheit und alſo der Andere keine Pflicht derſelben hat, ſo ſetzen dieſelben ſtets einen Widerſpruch im Menſchenleben voraus und alſo eine Colliſion von Pflichten, wobei das Ziel der Rettung eines Menſchenlebens überhaupt gegen Verbrechen oder Schrecken u. ſ. w. das vorläufig entſcheidende iſt. So daß auch hier der Satz gilt: „Die Ausnahme beſtätigt die Regel."

Und wenn auch der Einzelne durch die Lüge einen augenblicklichen Vortheil gewinnen kann, ſo wird dieſer doch immer wieder vernichtet theils durch den innern Widerſpruch, die Unzufriedenheit, welche die Lüge als eine Selbſtentzweiung des Geiſtes immer mit ſich führt, theils durch den äußeren Widerſpruch, indem der Lügner mehr und mehr das Vertrauen Aller verliert.

Die Wahrhaftigkeit iſt daher die einzige wahre Politik in dem Verhältniſſe der Menſchen zu einander, welche Alle am meiſten beglückt. "Honesty is the best policy." „Ehrlichkeit währt am längſten." Und im höchſten Sinne: „Ihr werdet die Wahrheit erkennen, und die Wahrheit wird Euch frei machen."

2. Der Menſch erkennt in allen ſeinen Mitmenſchen ihm weſentlich gleiche, der Freiheit und Glückſeligkeit gleich bedürftige,

Geschöpfe, und er verlangt von ihnen, daß sie seine menschliche Gleichheit mit ihnen anerkennen, und sie verlangen umgekehrt dasselbe von ihm. In dieser gegenseitigen Anerkennung hebt sich der rohe Kampf der Menschen um die Herrschaft auf, welcher stets nur ein unvollkommnes, widerspruchsvolles Glück erzeugen kann, gemischt mit Furcht und Schrecken. Die gegenseitige Anerkennung der gleichen Berechtigung als Gesinnung des Menschen ist die wahre Gerechtigkeit, und ihre Folge der Frieden und das Glück Aller. Indem hiermit die gleiche Berechtigung Aller anerkannt wird von Allen, so wird auch Jeder gewürdigt nach seinem Verdienste, gleiche Arbeit eines Jeden auch gleich belohnt, ohne Unterschied von Racen, Geschlechtern und sonstiger Gunst oder Ungunst.

So wie hernach die Gerechtigkeit das Glück, so begründet die Ungerechtigkeit das Unglück der Menschen: Unzufriedenheit, Rachsucht u. s. w. und alle die traurigen Folgen, welche hieraus entspringen. „Was Ihr wollt, daß Euch die Leute thun sollen, das thut ihnen auch; und was Ihr nicht wollt, daß Euch die Leute thun sollen, das thut ihnen auch nicht."

3. Wenn aber das Leben der Menschen möglichst vollkommen und glücklich sein soll, so genügt es nicht, daß Jeder als gleichberechtigter Mensch anerkannt und nach seinen Leistungen gewürdigt wird, sondern Jeder soll auch darnach streben, das Leben aller Andern zu fördern, er soll den Schwachen und Unglücklichen trösten und ihm helfen, Alle auf die höchste Stufe der Menschlichkeit zu erheben und so eine höhere Gesammtheit Aller zu erzeugen suchen, welche stets auf seine individuelle Glückseligkeit, seine menschliche Vollendung zurück wirkt. Diese Gesinnung des Menschen, fördernd auf alle Mitmenschen zu wirken, ist die Menschenliebe, die höchste Spitze individueller Sittlichkeit und individuellen Glückes. „Liebe Deinen Nächsten wie Dich selbst."

Nun erkennen wir bei diesem sittlichen oder vernünftigen Verhalten des Menschen zu den Mitmenschen, daß dasselbe stets ungetrennt sowohl die Glückseligkeit, die Selbstbefriedigung des einzelnen Menschen in diesem Verhalten, als das Glück und die Befriedigung der Andern in sich schließt, und auch zu dem größten äußeren Lebensgenusse Aller führt. Es ist daher klar, daß Glückseligkeit und Sittlichkeit nicht getrennt werden können, sondern daß der Humanismus, die unzertrennliche Einheit beider, das einzige vernünftige Ziel der Menschen ist, in welchem der Kampf der lebendigen Wesen um das Dasein die höhere Form individueller Selbstbethätigung in einem vom Geiste wiedergeborenen sittlichen Gan-

zen des Naturlebens annimmt, d. h. die Naturnothwendigkeit durch den bewußten Zweck ein freies
Menschenleben wird.

Damit jedoch dieses Ziel wirklich erreicht werde, muß die Sittlichkeit
nicht blos eine individuelle bleiben, sondern sich zu einem Organismus der menschlichen Gesellschaft realisiren,
wie sich die Sensibilität zu einem gegliederten Thiere gestalten muß, um sich
selbst zu realisiren gegen die vorausgesetzte Natur. Die Gesetze dieser vernünftigen menschlichen Gesellschaft haben wir noch darzulegen.

Zweiter Abschnitt.

Die Gesetze der Vernunft für die menschliche Gesellschaft oder der Humanitäts-Staat.

Nur in einer Gesellschaft, einem Ganzen oder Organismus, wozu die einzelnen Menschen sich einigen, kann das
Ziel jedes Einzelnen, die möglichst vollendete Selbsterhaltung und Selbstentwickelung, erreicht werden. Denn der Einzelne ist
nicht nur am vollkommensten gesichert in diesem Ganzen, und dem gegenseitigen egoistischen Kampfe mit den anderen entnommen, aus welchem stete
gegenseitige Störungen und Vernichtungen hervorgehen: sondern indem
er als ein Glied in der Arbeitstheilung und Concentration der Kräfte
eintritt, ist die größtmögliche Gesammtproduction in materieller und geistiger Hinsicht, und also der daraus auf jeden Einzelnen übergehende
größtmögliche Genuß des Daseins gegeben.

Daß in diesem Gesammt-Organismus die wahre Freiheit
d. h. die Selbstbestimmung aller Einzelnen zu vernünftiger Thätigkeit
vollkommen gewährt werde, daß aber derselbe zugleich eine Beschränkung der beliebigen Freiheit oder Willkühr aller Einzelnen in
Geltendmachung ihrer Triebe, Leidenschaften u. s. w. durch das Gesetz
der Vernunft ist, versteht sich von selbst, eben weil er ein Organismus,
ein Zusammenwirken Aller zum Zweck des allgemei-
nen Wohls, der Humanität ist, und gerade die Vernunft zum
Siege über das Thier befähigen soll.

Nach der Zertrümmerung der alten ungerechten und bornirten Organisation der Menschheit seit dem Ende des vorigen Jahrhunderts ist die
Freiheit und Gleichheit der Menschen, die freie Selbstbe-

ftimmung und Concurrenz Aller in Allem zum Stichwort geworden (Th. 1, Abschnitt 4, Ende). Allein diese Freiheit führt zu neuen Gegensätzen und Kämpfen, neuer Herrschaft und Knechtschaft, wenn sie nicht zu einem Ganzen organisirt wird, in welchem ein Zusammenwirken zu dem gleichen Wohle A l l e r eintritt.

Dieser Organismus der allgemeinen Freiheit, Gleichheit und Brüder= lichkeit ist die Realisirung des Gesetzes der Vernunft im Menschenleben, und unsere Aufgabe ist, die Gesetze darzulegen, welche damit nothwendig gegeben sind.

Wir nennen diesen Organismus den H u m a n i t ä t s s t a a t oder die humane Gesellschaft, welche zunächst eine Reihe b e s o n d e r e r G a n z e n darstellt, welche sich aber immer mehr zum k o s m o p o = l i t i s c h e n M e n s c h h e i t s s t a a t zusammenfassen.

Da das Menschenleben ein untheilbares Ganze ist, so kann auch der Organismus desselben nur ein t o t a l e r sein, alle Seiten des Lebens umfassend. Man kann dieses Ganze S t a a t nennen; er ist dann der allgemeine Organismus der Menschheit, um in Recht und Leben die Men= schenharmonie durch Gesetz und Vollziehung des Gesetzes zu verwirklichen, oder die Gesetze für die Menschenharmonie zu realisiren. In diesem Sinne nannte A r i s t o t e l e s den Menschen ein politisches Thier, ein zum Staat hintreibendes lebendiges Wesen. Ein bloßer sogenannter R e c h t s = s t a a t ist eine moderne Abstraction auf dem Standpunkte der u n o r = g a n i s i r t e n Freiheit. Der wahre lebendige Staat ist untrennbar von der ganzen menschlichen Gesellschaft und Eins mit ihr. So ist er Kastenstaat, Sklavenstaat, Feudalstaat, Rechtsstaat, und seine volle Ver= uunftform ist, was wir den Humanitätsstaat nennen.

1. Das a l l g e m e i n e G e s e t z für den Humanitätsstaat oder die vernünftige menschliche Gesellschaft ist die auf J n t e l l i g e n z ge= gründete M e n s c h e n = H a r m o n i e, durch allseitige Garanti= rung der gleichen nicht auf die Vernichtung Anderer gerichteten Freiheit und Rechte jedes Einzelnen, und das die höchstmögliche Existenz aller Einzelnen garantirende Zusammenwirken der Arbeitsfähigkeit Aller.

2. Hieraus folgt zunächst das Gesetz der g l e i c h e n F r e i h e i t und B e r e c h t i g u n g aller e r w a c h s e n e n G l i e d e r der menschlichen Gesellschaft, ohne Unterschied der Race oder des Geschlechts, also die u n i v e r s e l l e D e m o k r a t i e in allen Richtungen des Gesellschaftslebens, die sog. p o l i t i s c h e und s o c i a l e Freiheit und Gleichheit aller Mitglieder der menschlichen Gesellschaft, also auch die Freiheit zu allen Erwerbsthätigkeiten und Privat = Associationen,

insofern sie nicht mit den Gesetzen des Humanitätsstaats im Wider=
spruche sind.

Denn jedes menschliche reife Individuum, welches also leiblich und
geistig ausgebildet ist — und die geistige Ausbildung wird in dem ver=
nünftigen Staate stets vorausgesetzt:—hat das g l e i c h e Recht mit allen
Andern, und damit ist der K a m p f u m d i e R e c h t e e r l o s c h e n.
Nur Kinder und geistig Unzurechnungsfähige können von dieser Gleich=
heit ausgeschlossen sein. Die weiblichen erwachsenen Individuen hin=
gegen sind volle Menschen so gut wie die männlichen, und nur durch
die Anerkennung und Mitwirkung derselben kann die menschliche Ge=
sellschaft ihre höchste Vollendung und können Alle die höchste Glückse=
ligkeit erreichen, indem nun die Selbsterhaltung, die Bildung, die Ach=
tung und Liebe, die allgemeine Produktivität die höchste Form an=
nimmt.

3. Dieser Grundlage, der universellen Demokratie, entsprechend muß denn
auch das ganze Gesellschaftsleben g e o r d n e t sein, so daß alle Ge=
setze oder Lebensregeln, und der ganze Beamten=Organismus als Voll=
zieher der Gesetze, stets den Willen der Totalität der sich Vereinigenden
ausdrücken. Dieser Wille aber, welcher sich freilich immer durch M a =
j o r i t ä t e n aussprechen muß, welche als s o l c h e noch keine Garan=
tie für die V e r n u n f t m ä ß i g k e i t darbieten, wird in Folge der
vollen Freiheit der geistigen Entwickelung, der Rede und Presse aller
Individuen und Parteien, durch A u f k l ä r u n g mehr und mehr
identisch werden mit der V e r n u n f t, dem Guten und Besten für Alle.

4. Die v i e r w e s e n t l i c h e n A s s o c i a t i o n e n nun, welche in
dem Humanitätsstaat vernünftig organisirt sein müssen, sind die F a =
m i l i e, die b ü r g e r l i c h e G e s e l l s c h a f t, die V o l k s =
s c h u l e und der S t a a t i m e n g e r e n S i n n e als die a l l g e =
m e i n e c e n t r a l e F o r m, welche die Gesetze für alle gibt, bestä=
tigt und vollzieht, die Oberaufsicht über alle führt.

a) Die Grundlage des Humanitätsstaats ist die Verbindung der
G e s c h l e c h t e r z u d e r F a m i l i e. Auch hierfür ist die
f r e i e und g l e i c h b e r e c h t i g t e S e l b s t b e s t i m m u n g
der Individuen das Grundgesetz. Nun ist aber die willkürliche
Vermischung der Geschlechter, nur bestimmt durch den momenta=
nen Trieb, der wesentliche Zustand des t h i e r i s c h e n Lebens,
und selbst in diesem schon vielfach durchbrochen und zum Familien=
leben anstrebend. Da nun das Menschengeschlecht von der natür=
lichen Grundlage aus im Wesentlichen eine G l e i c h z a h l der

geſchlechtlichen Individuen producirt, auch ohne allen Zweifel das
d a u e r n d e Z u ſ a m m e n l e b e n zweier ſich frei aus Liebe
verbindender Individuen dem Geſchlechtstriebe ſowohl die vernünftige Befriedigung gibt als denſelben in den Grenzen des
Maaßes zu halten geeignet iſt, ſowie die vollkommenſte Harmonie
des F a m i l i e n l e b e n s erzeugt, welches die ſittliche Baſis
aller weiteren Menſchenharmonie iſt · ſo erſcheint die M o n o =
g a m i e als die vernünftige oder ſittliche Form des Menſchenlebens.   Sie daher hat der Humanitätsſtaat als ſ e i n G e ſ e tz
aufzuſtellen.   Damit aber der wahre Zweck der E h e und F a -
m i l i e erfüllt und die vernünftige Freiheit der Individuen rea-
liſirt werde, muß der Staat ihre S c h e i d u n g entweder in Folge
b e i d e r ſ e i t i g e n V e r l a n g e n s oder nach v e r n ü n f t i =
g e n G r ü n d e n des e i n ſ e i t i g e n V e r l a n g e n s anerkennen, um gemachte Mißgriffe und vorhandene Mängel wieder
gut zu machen.   Denn jede gewaltſame Aufrechthaltung einer Ehe
und Familie welche i n n e r l i c h z e r ſ t ö r t iſt, erſcheint als
L ü g e und Z e r ſ t ö r u n g d e s G l ü c k e s.   D i e f r e i e
L i e b e, wenn dieſer Ausdruck einen wahren Gehalt haben ſoll,
kann nur bedeuten die B e f r e i u n g des Z u ſ a m m e n l e b e n s
der Geſchlechter von einer ä u ß e r l i c h e n N o t h w e n d i g k e i t
und U n t e r w e r f u n g.   Die Geſetzgebung über Ehe und Familie muß mit dieſen Principien in Einklang ſein, und der Staat
unter allen Umſtänden die volle menſchliche Exiſtenz der K i n d e r,
ehelicher wie unehelicher, garantiren.   Das Bordellweſen als eine
bloße Entwickelung des raffinirten menſchlichen Thieres und Vernichtung der Humanität hat der Staat nicht anzuerkennen, vielmehr als eine Höhle des Laſters zu betrachten.   Das ſittliche Verhältniß der Geſchlechter wird aber nur durch die vernünftige Ge-
ſammtorganiſation erreicht werden.

b) Die b ü r g e r l i c h e G e ſ e l l ſ c h a f t nennen wir die Selbſtbe-
stimmung der Menſchen zu der p r o d u c t i v e n A r b e i t,
wozu wir auch die W i ſ ſ e n ſ c h a f t inſofern rechnen, als ſie die
Erkenntniß = Grundlagen dieſer Arbeit gibt und erweitert.   Die
Aufgabe des Humanitätsſtaats iſt nun dieſe, die Willkühr der Individuen in der productiven Thätigkeit dahin zu beſchränken, daß
der alte Gegenſatz der H e r r ſ c h a f t u n d K n e c h t ſ c h a f t, der
B e ſ i tz e n d e n und B e ſ i tz l o ſ e n, des K a p i t a l s und
der b l o ß e n A r b e i t s k r a f t a u f g e h o b e n werde, und

also die nothwendige Trennung der als productives Kapital aufge=
sparten Arbeit von der consumirten Arbeit nicht zur Entgegensetz=
ung von I n d i v i d u e n werde, weil diese Entgegensetzung auch
dann nothwendig ein Verhältniß m a t e r i e l l e r Herrschaft
und Dienstbarkeit hervorbringt, wenn die f o r m e l l e Freiheit
und Gleichheit Aller anerkannt ist, d. h. wenn Jeder rechtlich Be=
sitzer und Arbeiter sein kann.   Die formelle Freiheit und Gleich=
heit muß in dem Humanitätsstaat zur Freiheit und Gleichheit der
E x i s t e n z werden, wenn die Menschlichkeit, die Brüderlichkeit
der Menschen verwirklicht werden soll.   Ohne jene gleiche Grund=
lage der Existenz wird auch die politische Freiheit und Gleichheit
zum bloßen S c h e i n e; wie dieselbe andererseits zum Schein
wird, wenn die I n t e l l i g e n z nicht das Eigenthum Aller
ist.   Wo das Kapital und die Intelligenz ist, da ist die M a c h t,
und wo die Macht ist, da ist die H e r r s c h a f t.   Wenn also
der Humanitätsstaat die w i r k l i c h e Freiheit und Gleichheit
der Menschen zu realisiren hat, wenn er die Herrschaft und Knecht=
schaft in Humanismus, in Glück und Frieden Aller, aufzuheben
hat, so muß er die productive Gesellschaft unter Gesetze stellen,
welche A l l e zu Besitzenden und Arbeitenden machen, und
unter A l l e die Intelligenz verbreiten.   Und das heißt mit an=
dern Worten : die menschliche Gesellschaft muß sich zu einem t o =
t a l e n C o o p e r a t i v s y s t e m vereinigen, von welchem
die Anfänge schon jetzt in den privaten Cooperativ = Gesellschaften
der Arbeiter vorhanden sind.   Dieses System ist der wahre reine
K e i m des Humanismus, welcher sich zu entwickeln hat so, daß,
während die Einzelnen und die Familien eine F r e i h e i t d e r
S e l b s t b e s t i m m u n g und des S e l b s t g e n u s s e s
haben, doch ihr Produkt theilweise immer wieder in das G a n z e
zurückgenommen wird, bis die in dieser Richtung fortschreitende
Menschheit das h ö c h s t e c o m m u n i s t i s c h e I d e a l
von selbst erreichen wird, durch den W i l l e n A l l e r.

Und diese Idee ist so wenig eine C h i m ä r e, daß sie viel=
mehr nichts Anderes ist als die sich zugleich mit N o t h w e n =
d i g k e i t realisirende Idee des M e n s c h e n.   Sie ist nur
eine Chimäre, wie der Mensch eine Chimäre für das Thier ist, wie
N e w t o n und L e i b n i z eine Chimäre für den Wilden sind.
Es wird die Zeit kommen, wo die Menschheit die jetzigen Kultur=
verhältnisse noch als halb thierische betrachten wird; und wir be=

trachten sie schon jetzt so, wie auch z. B. die politische Rechtlosigkeit der Frauen, weil wir den Begriff, das Wesen des Menschen als des intelligenten Wesens vollständig erfaßt haben.

Die productive Arbeit im weitesten Sinne ist die Thätigkeit des Menschen, wodurch eine ohne menschliches Zuthun ursprünglich vorhandene natürliche Substanz irgendwie herbeigeschafft, modifizirt und vertheilt wird, um den menschlichen Bedürfnissen zu entsprechen. Der Werth dieses Produkts der menschlichen Arbeit ist die darauf verwendete Arbeitskraft nach allen ihren Momenten, den dazu nothwendigen Vorbereitungen, zu erlangender Kunstfertigkeit u. s. w. Ein Theil dieses Werthes ist zur unmittelbaren Comsumtion des Menschen bestimmt, ein anderer Theil als Mittel zu neuer Produktion.

Der letztere in der Form von cultivirtem Grundbesitze, Maschinen u. s. w. ist das Kapital im engeren Sinne, das Arbeitskapital, welches daher aufgesparte Arbeit ist, und eben so gut in Geld, dem allgemeinen Aequivalent der Werthe bestehen kann, insofern damit die Mittel der Produktion gekauft werden können. Nun ist es klar, daß, sobald einestheils die natürlichen Substanzen, Grund und Boden u. s. w. von einzelnen Individuen durch ihren bloßen Willen, in ausschließlichen Besitz genommen werden (wozu der Wille jedes Individuums dasselbe Recht hätte), und anderentheils einzelne Individuen im alleinigen Besitze des Arbeitskapitals sind, hierdurch alle anderen Individuen in den Zustand der Abhängigkeit von jenen gerathen. Nun kann man zwar sagen, auch die Kapitalisten seien wieder abhängig von den bloßen Arbeitern, denn ohne Arbeitskraft kann das Kapital nicht produciren. Allein der Arbeiter ist durch die Noth der Existenz getrieben, für den Mächtigeren zu arbeiten, während dieser immer schon von früherer Arbeit her für längere Zeit die Consumtionsmittel besitzt oder ihr Aequivalent das Geld. In den früheren Zuständen der menschlichen Gesellschaft wurden die Arbeiter sogar rechtlich zu Sklaven, Leibeigenen u. s. w. herabgedrückt. Aber auch wo sie persönlich frei wurden, bleibt ihre wesentliche Abhängigkeit, ja sie nimmt noch schroffere Formen an durch das Herabsetzen der Arbeitskraft zur reinen käuflichen Waare, die Concurrenz der Arbeiter u. s. w. Und vergeblich sucht dann die arbeitende Klasse durch Verbindungen zu strikes und dergleichen sich zu schützen, da sie es nie so lange aushalten kann, wie die Besitzenden. Und Revolutionen mit bloßen momentanen, gewaltsamen Vertheilungen helfen gar nicht, da stets der alte Zustand wiederkehrt, wenn nicht das System der Production geändert wird.

Nun giebt es kein Eigenthum von Natur, sondern dasselbe ist nur Produkt der menschlichen Gesellschaft, ihrer Gesetze. Sobald daher die Gesellschaft den Humanismus verwirklichen will, wandelt sie den Begriff des Eigenthums um, führt ihn zurück in das Wohl Aller. Der einzige Weg nun, in welchem dieses geschehen kann, ist die Aufhebung der monarchischen und aristokratischen Form der Production in die demokratische, sodaß alle Arbeiter selbst die Erde besitzen als Besitz und das Kapital aufsparen als Kapital der Gesellschaft nach den Gesetzen der Gesellschaft, und die bisherigen Monarchen und Aristokraten aufgehoben und in Beamte der Gesellschaft verwandelt werden. So einfach ist das Gesetz der Vernunft! Durch die großartige Fabrikentwickelung der Gegenwart und die Befreiung der Arbeiter aus den Banden des rechtlichen Sklaventhums ist die Nothwendigkeit dieser Revolution des alten Systems gegeben, und wir wollen durch Einsicht diese Umbildung möglichst auf dem Wege der Vernunft blutlos erzielen. Die immer mehr sich entwickelnden Associationen und Cooperationen der Arbeiter sind die Vorübungen der Vernunft, werden sich ausbreiten, den Staat sich unterwerfen, und so endlich einen neuen Gesammtorganismus, die sociale Demokratie, realisiren. Dazu werden alle intelligenteren Menschen auch der besitzenden Klasse mitwirken, so wie die Arbeiter eine Macht zur Seite haben, welche Alles besiegen muß, die Wissenschaft. Sie hat gezeigt, daß das System der National=Oekonomie, eines Smith u. s. w. seine Wahrheit hat auf dem Standpunkte der sog. freien Concurrenz im menschlichen Kampfe um's Dasein, daß aber der Geist aus diesem Atomismus der Individuen einen neuen Organismus schafft, welcher die Freiheit, die Gleichheit und das Wohl Aller verwirklicht. Wenn der Mensch nur im bewußtlosen Kampfe um das Dasein stände wie das Thier, nur das raffinirteste Thier wäre, so hätte jene alte Lehre Recht. Aber gerade weil er das absolut raffinirte Thier ist, hebt er sich auf als Thier, und der H u m a n i s m u s tritt hervor, in welchem der Kampf um das Dasein die in dem Gesammtorganismus sich einreihende Arbeit der Einzelnen ist. Das G e s e tz des Humanismus in der productiven Gesellschaft ist die A u f h e = b u n g des G e g e n s a tz e s von Kapital und Arbeit durch d e = m o k r a t i s ch e Productions= und Consumtionsform, und die Gesetze des Staats hinsichtlich des Eigenthums, der Association, des Zinses, des Credits, der Abgaben, des Erbrechts sind mit diesem Zwecke in Einklang zu bringen.

c) Die G e s e l l s ch a f t der J n t e l l i g e n z und K u l t u r im Humanitätsstaat hat denselben Zweck, die g e i s t i g e B i l = d u n g in Wissenschaft, Sittlichkeit und Kunst unter a l l e J n = d i v i d u e n zu verbreiten. Es müssen daher n i e d e r e und h ö h e r e V o l k s s ch u l e n zur u n e n t g e l d l i ch e n Be= nutzung Aller errichtet werden, und alle Jndividuen v e r p f l i ch = t e t sein, bis zu einem bestimmten Alter die Schulen zu besuchen. Denn nirgends, weder in der Familie noch in der productiven noch in der intelligenten Gesellschaft darf die beliebige Willkühr der Einzelnen, die leere formelle Freiheit, mit dem W e s e n des Menschen, des erkennenden und sittlichen Wesens im Widerspruche sein, und der Humanitätsstaat ist gerade die Aufhebung dieses Widerspruchs durch das Feststellen der s i t t l i ch e n N o t h = w e n d i g k e i t, wovon alle getragen werden, und wodurch die wahre Freiheit Aller realisirt wird. Es wird mit der Zeit dahin kommen, daß alle Menschen in Fabriken und Palästen associirt in diesen ihre Bildungsanstalten haben, ihre Schulen, Bibliothe= ken, physikalischen und chemischen Apparate, wissenschaftlichen Vor= träge. Und zu diesem Zwecke werden überall Männer und Frauen angestellt werden, welche ihr ganzes Leben der Wissenschaft und ihrer Lehre so wie der Kunst widmen.

d) Der S t a a t nun ist die T o t a l i t ä t und A l l g e m e i n = h e i t der menschlichen Gesellschaft, von dieser geschaffen, um die G r u n d g e s e tz e für alle Sphären zu geben und deren V o l l = z i e h u n g zu erwirken und alle besondere Jnteressen zu h a r = m o n i s i r e n. Er vertritt das Ganze der Jndividuen und Gesellschaften nach Jnnen und Außen, und ist, wie Alles in dem Humanitätsstaate, s o c i a l = d e m o k r a t i s ch, d. h. hervor= gehend aus dem Willen Aller zum Wohle Aller. Er stellt eine

Delegation des ganzen Menschheitskreises dar; und durch
Abstimmung Aller über alle Grundgesetze und Zurückberufung aller
Beamten durch Volksbeschlüsse wird die Demokratie vollendet.

5. Während nun die innere Harmonisirung der Interessen aller Indivi=
duen und Theile des Staats durch die Organisation des Ganzen selbst
gewährt ist, und daher alle Verkehrsschranken, Zölle u. s. w. im Innern
wegfallen: so hat sich der Humanitätsstaat mit andern untergeordneten
Staaten in das Verhältniß der Gerechtigkeit und der Noth=
wehr zu setzen, zu welchem Zwecke allerdings auch Prohibitiv=Gesetze
und Schutzzölle momentan berechtigt sind. Aber die Aufgabe der
Menschheit ist die Verwandlung aller Staaten in den Humanitäts=
Staat, und eine Verbindung aller dieser Staaten in den Völ=
ker= und Menschheitsbund und so allmählig in den
Weltstaat, in welchem die ganze Menschenfamilie als Ein Orga=
nismus erscheint mit voller Realisirung der Freiheit. Was die reli=
giöse Phantasie in dem Millenium sich realisiren läßt, das ist in dem
Weltbürgerstaat verwirklicht auf Grundlage der wirklichen Bedingungen
des Universums.

Und dieses Ziel wird erreicht werden, so wie wir dasselbe als
Ideal bereits erkennen. Mensch sein heißt: durch Entwicke=
lung voller Mensch werden, und voller Mensch sein heißt:
einen Organismus der Menschheit schaffen, in welchem Intelligenz,
Sittlichkeit und Kunst die atomistische Existenz der Einzelnen dem
Geiste, dem zusammenfassenden Erkennen zum Wohle Aller un=
terworfen haben. In diesem Organismus gipfelt
das Universum; er ist die letzte concreteste Form seines Gleich=
gewichts in der fortschreitenden Differenzirung und Integrirung, die
Auflösung seiner Disharmonien und die Wiedergeburt seiner Harmonien
in dem empfindenden Bewußtsein. Die Bewegungen der Monaden in
dem absoluten Centrum endigen in der menschlichen Organisation, und
kommen darin zu ihrem Selbstgenusse, der Stoff wird bewußter Geist.
Aber der bewußte Geist ist die Blüthe des Universums und die
Blüthe verwelkt. Doch das Universum ist ewig, und bringt immer
neue Blüthen hervor. So giebt der Geist und die Menschheit sich ihm
hin und erwartet die Auferstehung in immer neuen Formen. Indem
wir den Staat der Vernunft schaffen, thun wir, wozu das Universum
uns treibt als zu seinem Letzten, und in diesem Schaffen
des Letzten sind wir glücklich, wie die Biene in dem Schaffen ihres
Staats. Das einzelne Individuum, wenn isolirt von dem Universum,

würde augenblicklich verschwinden, alle seine Wurzeln und Fäden sind in ihm, treiben sein Selbstbewußtsein und dessen Schöpfungen hervor, und nehmen sie zurück. Das Selbst ist daher erfüllt mit dem Ganzen, und seine letzte Erfüllung ist die mit dem Ganzen der Menschheit, und diese Erfüllung ist vollendet, wenn das Selbst sich frei weiß in dem Ganzen d. h. in dem Vernunftstaat der Menschen. Nach ihm daher werden Alle getrieben als stehend in dem absoluten Centrum, welches alle relativen Centra wieder zusammenfaßt. Das Universum ist der unendliche in Entwickelung begriffene, in Entzweiungen, Vereinzelungen und Zusammenfassungen fortschreitende Organismus, dessen Seele in der Menschheit sich selbst anschaut, und in den religiösen Ideen als einzelne sich der allgemeinen Seele gegenüberstellt, bis sie sich als Glied derselben erkennt, den Monarchismus in die Demokratie auflöst, und damit das höchste Gleichgewicht der Vielen in dem Einen erreicht.